国家出版基金项目
NATIONAL PUBLICATION FOUNDATION

王世襄集

竹刻艺术

王世襄 编著

生活·讀書·新知 三联书店

出版说明

2009 年 11 月 28 日，王世襄先生在北京去世，享年 95 岁。随着王先生的辞世，他的研究及学问，即将成为真正的绝学。为使这些代表中国传统文化的绝学散发出璀璨的光芒，为后人所继承、发展，生活·读书·新知三联书店特推出《王世襄集》，力图全面、系统地展现王氏绝学。

王世襄，号畅安，汉族，祖籍福建福州，1914 年 5 月 25 日生于北京。学者、文物鉴赏家。1938 年获燕京大学文学院学士学位，1941 年获硕士学位。1943 年在四川李庄任中国营造学社助理研究员。1945 年 10 月任南京教育部清理战时文物损失委员会平津区助理代表，在北京、天津追还战时被劫夺的文物。1948 年 5 月由故宫博物院指派，接受洛克菲勒基金会奖金，赴美国、加拿大考察博物馆。1949 年 8 月先后在故宫博物院任古物馆科长及陈列部主任。1953 年 6 月在民族音乐研究所任副研究员。1961 年在中央工艺美术学院讲授《中国家具风格史》。1962 年 10 月任文物博物馆研究所、文物保护科学技术研究所副研究员。1980 年，任文化部文物局古文献研究室研究员。1986 年被国家文物局聘为国家文物鉴定委员会委员。2003 年 12 月 3 日，荷兰王子约翰·佛利苏专程到北京为 89 岁高龄的王世襄先生颁发 "克劳斯亲王奖最高荣誉奖"，其中一个重要的原因就是他对明式家具的研究，奠定了该学科的基础，把明式家具推向了至高无上的地位。

王世襄先生学识渊博，对文物研究与鉴定有精深的造诣。他的研究范围广泛，涉及书画、家具、髹漆、竹刻、民间游艺、音乐等多方面。他的研究见解独到、深刻，研究成果惠及海内外。《王世襄集》收入包括《明式家具研究》《髹饰录解说》、《中国古代漆器》、《竹刻艺术》、《说葫芦》、《明代鸽经　清宫鸽谱》、《蟋蟀谱集成》、《中国画论研究》、《锦灰堆：王世襄自选集》（合编本）、《自珍集：俪松居长物志》共十部作品，堪称其各方面研究的代表之作，集中展现了王世襄先生的学问与人生。

其中，《蟋蟀谱集成》初版时为影印，保留了古籍的原貌，但于今日读者阅读或有些许不便。此次收入文集，依王先生之断句，加以现代标点，以利于读者阅读。《竹刻艺术》增补了王先生关于竹刻的文章若干，力图全面展现王先生在竹刻领域的成果和心得。"锦灰堆"系列出版以来，广受读者喜爱，已成为王世襄先生绝学的集大成者；因是不同年代所编，内容杂糅，此次收入《王世襄集》，重新按门类编排，辑为四卷，仍以《锦灰堆：王世襄自选集》为名。启功先生曾言，王世襄先生的每部作品，"一页页，一行行，一字字，无一不是中华民族文化的注脚"。其中风雅，细细品究，当得片刻清娱；其中岁月，慢慢琢磨，读者更可有所会心。

《王世襄集》的编辑工作始于王世襄先生辞世之时。工作历经三载，得到了许多喜爱王世襄先生以及王氏绝学人士的支持和帮助，也得到了王世襄家人的大力协助，并获得国家出版基金的资助，在此谨表真诚谢意。期待《王世襄集》的出版，能将这些代表中华文化并被称为"绝学"的学问保存下来，传承下去。

生活·讀書·新知 三联书店 编辑部

2013 年 6 月

目　录

刻竹小言

金西厓 著
王世襄 整理

余少习工程，夙疏文墨。壮年就业，奔走遐迩，营建之余，独喜刻竹。伯兄北楼，殚思画学，每取砚池余渖，于臂搁箑边为作小景，付余镌刻。仲兄东溪，素工斯艺，朝夕濡染，遂爱之入骨。居家之日，恒忘寝食，仆仆征途，亦携竹材刀刷相随。耽之既久，稍有会心。自《可读庐刻竹拓本》、《西厓刻竹》两书付印后，远近同好，时来相质，或询取材之方，或咨镂刻之法。亦尝与二三友好，摩挲前人之制，研讨其构思运刀之妙。忽忽四十余年，非学刻竹即论竹刻，真所谓"何可一日无此君"矣。吾甥畅安，笃好工艺。今夏过沪，谓余曰："刻竹之书，向无论著，竹人两录（金元钰〔坚斋〕《竹人录》，褚德彝〔礼堂〕《竹人续录》），仅叙史传。吾舅答问之词、谈艺之说，多前人所未发，曷不汇集成书，以嘉惠后学乎？"长夏稍暇，乃拣平时札记，寄付畅安，属为编次缮正。学刻竹者，或可资参考之一助也。

——吴兴 金西厓·沪上寓庐
戊子十月

简 史

竹之始用，远在上古。操作之具，起居之器，争战之备，每取给于竹。六书盛行，削竹为简册，文字乃书于竹。《礼记·玉藻》，士大夫饰竹以为笏，是用竹于典仪，且有文饰之施焉。晋王献之有斑竹笔筒名"裘钟"，六朝齐高帝赐明僧绍竹根如意，庾信有"山杯捧竹根"句，皆为竹制之工艺品，而有殊于一般器用矣。

竹刻传世之最早者，殆唐时赍往东瀛之尺八乎？其雕法用留青。留青者，留竹之表皮青筠为文，以刓去青筠下露之竹肌为地。文上更加线划，呈人物花鸟诸像。宋郭若虚《图画见闻志》载：唐王倚家藏笔管，"刻《从军行》一铺，人马毛发，亭台远水，无不精绝。每一事刻《从军行》诗两句。……其画迹若粉描，向明方可辨之"。盖浅刻毛雕也。元陶宗仪《辍耕录》记宋詹成造鸟笼，"四面皆花版，于竹片上刻成宫室、人物、山水、花木、禽鸟，纤悉俱备，其细若缕，且玲珑活动"。器虽淫巧不足尚，但可知其刻法为透雕。唐宋两朝，竹雕已具备不同刻法，惟传世器物及知名刻工绝少，文献记载亦鲜，当时似尚未形成专门艺术。

自宋以降，雕刻巨像若洞窟摩崖，寺观雕塑，渐趋消替，而可陈置几案之雕刻，则异彩纷呈，灿然夺目。诸如琢玉之山，镂牙之器，刻犀之杯，范铜之兽，浮雕之剔红，隐起之宝嵌，德化之瓷像，寿山之人物，乃至细镌砚石，精模墨丸，多为前代所未有。盖雕刻之体制规模，题材技法，至元明而大变。竹刻之形成专门艺术，约当明代中叶。渊源风貌，自不能脱离其时代，与诸工艺正互影交光，息息相通也。

由来言竹刻源流，每依作家地域，分嘉定、金陵两派。其说始自清金坚斋。惟竹人讵限两地，刻法嬗变，因时更易，同地所制，前后或大异，故不宜归纳于两派。兹述简史，试就其发展概况，分为明代、清代前期、清代后期。竹刻虽小道，亦如书画诸艺，不同时期，各有其时代风格也。

明代
约公元1520—1644

明代中叶以前，未闻有以刻竹名

者。自正德、嘉靖以还，乃有三朱及李、濮。三朱嘉定人，李、濮金陵人，所谓嘉定、金陵两派，以此分焉。

三朱者，朱松邻鹤（字子鸣），其子朱小松缨，其孙朱三松稚征也。朱氏世本新安，自宋建炎移居华亭，又六世而东徙，遂为嘉定人。松邻工行草图绘，深于篆学印章，并精雕镂。所制有笔筒、香筒、杯、罂诸器，而尤以簪钗等服饰重于时，乃至直名其所制曰"朱松邻"。王鸣盛《练川杂咏》即有"玉人云鬟堆鸦处，斜插朱松邻一枝"之句。清初何匡山得朱手制竹罂，遂以名其室。宋荔裳赠《竹罂草堂歌》，一起曰："练川朱生称绝能，昆刀善刻琅玕青。仙翁对弈辨毫发，美人徙倚何娉婷？石壁巉岩入烟雾，涧水松风似可听。"可见人物山水，无所不能也。

松邻之作，传世已罕。曾经寓目者，有北宗山水臂搁及高浮雕松鹤笔筒。嘉定竹刻，松邻有创发之功。论其工艺，若就所见者而言，质拙乃其特色。一事一艺，其肇始每如是，设与其子若孙相较，则增华焕彩，愈足见家学三传而后来居上。"制度浑朴"，乃金坚斋品题松邻语，殆亦有鉴于斯也。

朱小松字清甫，擅小篆及行草，于绘事造诣更深，长卷小幅，各有异趣。金坚斋称其仿诸名家，"山川云树，纡曲盘折，尽属化工。刻竹木为古仙佛像，鉴者比于吴道子所绘"。清初人有咏小松所制竹根文具者，中曰："藤树舞鳞鬣，仙鬼凸目睛，故作貌丑劣，虾蟆腹彭亨。以此试奇诡，精神若怒生。琐细一切物，其势皆飞鸣。"凡所雕琢，形象生动活泼，概可想见。毛祥麟谓小松"能世父业，深得巧思，

务求精诣，故其技益臻妙绝"，盖有出蓝之誉。褚礼堂《竹刻脞语》记竹山雕件，古松虬枝老干，旁有湖石嶙峋，石磴用叠糕皴，刀法简古有味。一老者坐石磴，右手执卷，左手执羽扇，似在沉吟。松身近根处有"小松"二字篆书款。此件曾与礼堂同观于友人斋中。至于高浮雕则有陶渊明《归去来辞》图笔筒，制于万历三年，构思运刀，更为精绝，见《述例》。

朱三松为小松仲子。陆扶照《南村随笔》称其"善画远山淡石，丛竹枯木，尤喜画驴。雕刻刀不苟下，兴至始为之，一器常历岁月乃成"。所制器有署崇祯年款者（《竹刻脞语》著录朱三松制辟邪纽竹根印，款署"崇祯庚辰三松制"），卒年或已入清。传世实物，清宫旧藏屏风仕女笔筒，允称佳制。其画稿虽取陈老莲《西厢记》插图斟酌而成，但将绘本改为高浮雕，采用多种刻法以分宾主虚实，备见经营。屏风后陈设数事，为插图所无，是又出新意，为拓画境。故不论雕工构图，皆显示其精巧娴练之手法。清赵昕撰《竹笔尊赋》，其序谓："嫏城以竹刻名，……镂法原本朱三松氏。朱去今未百年，争相摹拟，资给衣馔，遂与物产并著。"盖嘉定竹雕至三松而器物愈备，技法愈精，声名愈盛，而学之者亦愈众。《竹人录》所载如秦一爵、沈汉川、禹川昆仲，及汉川之子沈兼，皆师法三松而有名于时者。《南村随笔》谓"嫏城竹刻，自明正嘉间高人朱松邻鹤创为之，继者其子小松缨，至其孙三松稚征而技臻绝妙"。《对山书屋墨余录》亦称："人谓小松出而名掩松邻，三松出而名掩小松。其实松邻之名，晚年始噪，至小松而盛，三松则继其余耳。"皆概述朱氏一门

之承授发展，足资后人参核焉。

李耀字文甫，《竹个丛钞》称其"善雕扇骨，镂花草玲珑有致。亦能刻牙章，尝为文三桥捉刀"。三桥卒于万历元年癸酉，年七十六，是文甫亦嘉靖时人也。

濮澄，复姓濮阳，单称姓濮，字仲谦，生于万历十年壬午，清初尚健在。《太平府志》称"一切犀玉缧竹皿器，经其手即古雅可爱，一簪一盂，视为至宝"。《陶庵梦忆》谓仲谦"貌若无能，而巧夺天工。其竹器一帚一刷，竹寸耳，勾勒数刀，价以两计。然其所以自喜者，又必用竹之盘根错节，以不事刀斧为奇，经其手略刮磨之而遂得重价"。宋荔裳《竹罂草堂歌》，亦有为仲谦赋者："白门濮生亦其亚，大璞不斫开新硎。虬髯削尽见龙蛇，轮囷蟠屈鸥夷形。匠心奇创古无有，区区荷锸羞刘伶。"所谓"大璞不斫"、"轮囷蟠屈"，皆言其不事精雕细琢，只略施刀凿以见自然之趣。此与一般竹刻不同，故曰"匠心奇创"。其制作风格，与嘉定朱氏迥不相侔，但异曲同工，实未容轩轾。金坚斋断然谓"濮派浅率不耐寻味，远不如朱"，实囿于地方门户之见，未足视为定论也。

仲谦真迹，传世亦罕，大抵雕工繁琐而题材庸俗者，多为妄人伪刻；或取无款旧器，添署濮名，以冀获售。古董肆所见，多此类也。

明代竹人，三朱、李、濮外，自具面目，允称巨匠者，尚有张希黄。惟《竹人录》以希黄非嘉定人而不收，清人笔记，又多不记希黄行实，其字号里贯遂不详。余旧藏笔筒，希黄款下有"张宗略印"，意宗略乃其名，而以字希黄行耳。或谓张为江阴人，确否亦待考。

希黄所制皆用留青法。留青之制，唐时已有，日本正仓院所藏之尺八是也。惟希黄所做，要在借青筠之全留、多留、少留及不留，以求深浅浓淡之变化。于是绚烂若水墨之分五色矣。若取与尺八纯甩全留之青筠作花纹相较，是一大发展。其法是否始自希黄，尚难遽断，顾绣丝、刺绣，早有退晕之法，雕漆中之剔彩，亦分层取色，且见色晕之运用。是留青刻法之发展，或得自其他工艺之启示，而希黄为此一刻法之杰出者，固不待言也。传世希黄之制，以楼阁山水笔筒为最精，见《述例》。

竹刻自明代中叶起，名家辈出，形成专门艺术。此时雕法大体有三：以深刻作浮雕或圆雕之朱氏刻法；以浅刻或略施刀凿即使成器之濮氏刻法。以留青为阳文花纹之张氏刻法。制器则初尚簪钗等服饰，渐为几案间陈置器物所取代，品类亦日见繁备。此百三四十年，可称为竹刻工艺之初步发展时期。

清代前期
公元1644—1795

自清初至乾隆为清代前期。百五十年间，竹刻大家，技法创新而又启迪于后者，有吴之璠、封锡禄、周颢、潘西凤四人。

吴之璠，字鲁珍，号东海道人，为三松后嘉定第一名手，刻竹年款多在康熙前叶。金坚斋称"今流传人物花鸟笔筒及行草秘阁，秀媚遒劲，为识者所珍"。黄世祚《练水画征录校补》谓："鲁珍初居南翔，徙天津，邑中流传绝少。所刻笔筒有贡入内府者，款镌槎溪吴鲁珍。"《竹刻脞语》记鲁珍之作，仅见相马图笔筒及杨柳仕女臂搁二件。此或限于江浙一隅。以余南北所见，有对弈图（黄杨木雕，但刻法与竹笔筒无异）、采梅图、滚马图、张仙像及赞（作于康熙二十七年戊辰）、牧牛图、戏蟾图（作于康熙二十八年己巳）等笔筒及人物行草臂搁，共十数器。历时三百余载，传世实物不可谓少，足见鲁珍以刻竹为业，一勤奋精进之艺术家也。

鲁珍除工圆雕外，更善浮雕。其浮雕大抵可分为两种。一种用深刻作高浮雕，师法朱氏，深浅多层，高凸处接近圆雕，低陷处或用透雕，实例如对弈图笔筒是也。一种为浅浮雕，乃前人所未备，而鲁珍出以新意者。上述各笔筒除对弈图一器外皆是。正以其别具面目，故论者多道及之。如陆扶照谓鲁珍"另刻一种，精细得神"。金坚斋称"所制薄地阳文，最为工绝"。褚礼堂则以为鲁珍所刻，可拟龙门石刻中之浅雕。其中尤以"薄地阳文"一名，成为鲁珍浅浮雕刻法之术语，为竹刻艺术增添一专门词汇。鲁珍此法，其突起高度虽低于朱氏之高浮雕，但游刃其间，绰有余裕。一则因鲁珍善于在纸发之隙，丝忽之间，见微妙之起伏。照映闪耀，有油光泛水、难于迹象之感。此可于上述实例之牛马形象中见之。谛视其借以表达此种意趣之竹质，只用坚实而润泽之表层肌肤，若越此而及竹理，便松糙晦涩，不中用矣。二则鲁珍明画法，工构图，善用景物之遮掩压叠，分远近，生层次，故能在浅浮雕之有限高度上，甚至在高低相同之表层上，有透视之深度。此可于实例采梅图笔筒中见之。鲁

珍常用之另一手法，亦明代竹刻不经见者，为萃集精力，刻划只占全器某一局部之一事一物，此外则刮及竹理，任其光素，或有雕刻，不过略加勾勒而已。如此则宾主分，虚实明，朴质可见竹丝之素地，与肌肤润泽上有精镂细琢之文图，形成对比，相映生色。上述笔筒，除对弈图一器外，均用此法，与明代深刻之浮雕笔筒，景物周匝，布满全身者又大异。鲁珍之作，具上述诸特色，故论者有精细得神、最为工绝之誉。明清之际，亦制墨琢砚至精之时代，种种文图，浮雕隐起，颇有与鲁珍之雕刻理法相通者。是竹刻之浅浮雕，与模墨琢砚，又非绝无关联也。

受鲁珍嫡传者有其婿朱文友，或作文右，号筠斋。又王之羽，字谓韶，号逸民。其舅徐氏与鲁珍比邻，谓韶日从鲁珍游，尽得其运腕之法，故亦名冠一时。

嘉定名工，与鲁珍同时而略晚者为封锡禄。封氏一门皆刻竹，锡爵（字晋侯）、锡禄（字义侯)、锡璋（字汉侯）兄弟三人，号称鼎足。其中杰出者，又推义侯。康熙四十二年癸未，义侯、汉侯同时入京，以艺值养心殿，名乃愈噪，族兄封毓秀有诗记其事。

义侯擅长圆雕，上承朱氏之法，而刻意经营，以新奇见胜。毓秀诗云："松邻小松辈，工巧冠前明。岂期后作者，愈出还愈精。"言实有征，非美其私也。毓秀对义侯之圆雕，复有以下之描绘："或雕仕女状，或镂神鬼形，奔出胫疑动，拿攫腕疑擎。或作笑露齿，或作怒裂睛。写愁如困约，象喜如丰亨。豪雄暨彬雅，栩栩动欲生。狮豹互蹲跃，骅骝若驰鸣。器皿及鸟兽，布置

样相并。摹仿擅独绝，智勇莫能争。"所谓摹仿，乃谓摹仿现实之写生，而非摹拟前人之成器也。

金坚斋《竹人录》对义侯之竹刻艺术，有更高之评价："吾嶀竹根人物，盛于封氏，而精于义侯。其摹拟梵僧佛像，奇踪异状，诡怪离奇，见者毛发竦立。至若采药仙翁，散花天女，则又轩轩霞举，超然有出尘之想。世人竞说吴装，义侯不加彩绘，其衣纹缥缈，态度悠闲，独以铦刀运腕如风，遂成绝技，斯又神矣！"坚斋嘉定人，生于清代中叶。明代圆雕，所见必多，义侯之制，设无超轶前人之处，坚斋安能对其倾倒若此？但封氏之作，传世亦罕。此或由于后人重三朱之名，封氏制者，款识每遭剜剔，另镌赝款，伪托为三朱之制。《述例》中之竹根老僧，疑即此类也。

义侯子侄辈，攻刻竹者尚有始龆、始镐、始岐等，但皆不及义侯弟子施天章。天章字焕文，雍正间供奉如意馆，授官鸿胪寺序班。乾隆三十九年卒于婿王谦家，年七十有三。王鸣韶撰《嘉定三艺人传》，其首即施天章。金坚斋谓"封氏家法，专以奇峭生新为主。焕文一出，而古色古香，浑厚苍深，骎骎乎三代鼎彝矣"。是焕文虽得封氏之传，但又自具一家面目者也。

周颢与封义侯同里同时而年稍幼。颢字芷岩，又号雪樵、尧峰山人，晚号髯痴。康熙二十四年生，乾隆三十八年卒，年八十有九。

钱大昕有《周山人传》，称芷岩于画独有神解，仿古贤山水人物皆精妙，尤好画竹。嘉定竹人自三朱、沈、吴之后，芷岩更出新意，作山水树石丛竹，用刀如用笔。不假稿本，自成丘壑。其

皴法浓淡坳突，生动浑成，画手所不得到者，能以寸铁写之。王鸣韶《嘉定三艺人传》谓芷岩"画山水、人物、花卉俱佳，更精刻竹。皴擦勾掉，悉能合度，无论竹筒竹根，浅深浓淡，勾勒烘染，神明于规矩之中，变化于规矩之外，有笔所不能到而刀刻能得之"。对芷岩所刻山水，人无耳目，屋无窗棂，树无细点，桥无略彴，尤为赞叹，以为出人意想之外，于嘉定诸大家后，可称别树一帜。至金坚斋则更谓芷岩以画法施之刻竹，合南北宗为一体，无意不搜，无奇不有。若取历朝诗家与竹人相拟，芷岩可当少陵，二百余年，首屈一指。推崇备至，可谓蔑以加矣。

按芷岩不仅名载《竹人录》，画籍《墨香居画识》、《墨林今话》亦有传。蒋宝龄称其"幼曾问业于王石谷，得其指授，仿黄鹤山樵最工。少以刻竹名，后专精绘事，遂不苟作"云云。故设谓刻竹家自朱氏祖孙以来皆能画，乃竹人兼画师，则芷岩实画师而兼竹人。

芷岩于刻竹无所不能。褚礼堂曾见所制东方朔像，长髯披拂，宽袍广袖，右手握桃，左手按膝，滑稽神态，现于眉目。高仅一寸六分，乃圆雕也。礼堂又有深刻始于明之朱松邻，周芷岩始集其大成之论。余以为此深刻乃指以光素之竹面为地，而刻痕则深陷入地之刻法，兹拟以"陷地深刻"名之。尝见芷岩于臂搁上刻阴文蕙草一株，花萼刊剔极深，蕊舌卷转，玲珑可爱。臂搁笔筒，刻法与此近似，而陷地更深者，又有两种常见题材。一为荷花，一为晚菘。器上或刻芷岩作，或无款。刀工美恶亦不等。余意此法设非自芷岩始，亦至芷岩而臻其妙。其美者为真迹，恶者

乃仿刻耳。

芷岩虽擅多种刻法，但最为清人所称许者，乃其所刻山水。何以故？盖芷岩乃将南宗画法入竹刻之第一人。

芷岩画法南宗，不论师承画迹，均足为证。其竹刻山水，以《河北省第一博物馆半月刊》影印之三器而言，亦纯属南宗（其中云林小景一件，为后人摹刻，但仍是南宗面目）。惟芷岩之前，竹刻山水及人物点景，皆法北宗。金坚斋论朱氏祖系之作，有"画道皆以南宗为正法，刻竹则多崇北宗"之论。钱大昕和《练川杂咏》亦有"花鸟徐熙山马远，无人知是小松传"之句。入清后如吴之璠之山水人物，仍是北宗，于采梅图笔筒可见。至芷岩乃一变前法，而以南宗入竹刻。当时四王一派，已风靡画坛，文人学士又多以南宗为正法。无怪芷岩出，竟以更出新意，别树一帜，二百余年，首屈一指相誉矣。

芷岩山水，以阴刻为主，功力自深。其轮廓皴擦，多以一刀刓出，阔狭浅深，长短斜整，无不如意。树木枝干，以钝锋一剔而就，有如屈铁。刀痕爽利，不若用笔或有疲沓之病。刀与笔工具不同，故虽是南宗皴法，或具斧劈意趣。所谓"画手所不得到者，能以寸铁写之"盖指此。所谓合南北宗为一体，亦指此。

在竹刻史中，芷岩乃一关键人物，刀法有继承，有创新，更有遗响。清代后期，竹刻山水，多法南宗，不求刀痕凿迹之精工，但矜笔情墨趣之近似。于是精镂细琢之制日少，荒率简略之作日多，其作画刻竹之功力，又远不逮芷岩，于是所作亦无足观矣。芷岩之遗响若是，固非其始料所及也。

芷岩之侄周笠，字牧山，亦有画名。王鸣韶论其刻竹不与芷岩相袭，"生意远出，神气内涵，万点当虚，千层叠起，浑厚中自露秀色"。惟牧山少于芷岩十余岁，又先十年卒，故作品较芷岩为少耳。

潘西凤，字桐冈，号老桐，浙江新昌人，侨寓扬州。《郑板桥诗钞》有赠潘桐冈诗，中曰："萧萧落落自千古，先生信是人中仙。天公曲意来缚絷，困倒扬州如束湿。空将花鸟媚屠沽，独遣愁魔陷英特。志亦不能为之抑，气亦不能为之塞。……丈夫得志会有时，人生意气何终极！"又有绝句："年年为恨诗书累，处处逢人劝读书。试看潘郎精刻竹，胸无万卷待何如！"是老桐乃宿学之士，困顿繁盛之地，以鬻艺为生者也。

老桐刻竹，有名于时，以居扬州久，又经板桥誉为濮阳仲谦以后一人，故论者以金陵派目之，手制器物，亦有与仲谦刀法相似者，《述例》收其臂搁一事，用畸形卷竹裁截而成，虫蚀斑痕，宛然在目，似未经人手，而别饶天然之趣。铭文款识，著字无多，隽永有味，寓意似出老庄。张陶庵谓濮制以不事刀斧为奇，而巧夺天工。老桐此器，可以当之。

仲谦工浅刻，老桐亦工浅刻。曩见一湘妃竹扇骨，板桥就其斑纹，作梅花数点，以瘦枝连缀成画，老桐用浅刻法出之，有疏影横斜之妙。又曾见菊花臂搁，浅刻亦精。

上述二三器，老桐尚未尽其所能，缘深刻亦其所长。褚礼堂记老桐摹刻十七帖馆本，凡十二简，即是深刻。字字神采照人，故礼堂称其"精妙无匹"。

老桐刻件中最见功力者，为昔在沪

上所见之《秋声赋》笔筒。草堂三楹，坐案前就灯读书者为欧阳子，户半局，一童子倚门而立，首微仄，侧耳而听之态，刻划入神。堂后及庭院左右皆高树，枝叶尽向一方斜去，落叶且有随风飞舞者，萧瑟之声，不觉盈溢于耳。刻法有浅有深，运用得宜。刀刀精到，绝无率略之处。虽嘉定名家最工之制，亦未必能过。

综此可见老桐擅多种刻法。若谓是金陵派，便以为只工浅刻，固属失实。而竹人不宜局限地域，以嘉定、金陵两派强分，又于此可见矣。

清代前期，刻竹或专工某门，或刀法独具一格，但其成就及影响，未能与以上四家相埒者，尚有数人。周乃始，字墨山，《竹人录》称其善刻芭蕉丛竹，褚礼堂曾购得所制山水笔筒甚佳，中有蕉林丛篁，足证金坚斋所语非虚。顾珏，字宗玉，山水人物，细入毫发。陆扶照称其刻笔筒动经数月，玲珑太过，不耐久传，故无可取。但其工巧精深，自不可及。时其吉，字大牛，弟其祥，字天行，能深刻，善摹名胜山水图。邓嘉浮，字用吉，镌折枝花最工妙。枝本附比，叠叶重花，金坚斋以"薄似轻云"拟之。侄渭，字得璜，号云樵，善刻行楷。张叔未以为嘉定竹器刻字，乾隆朝云樵山人邓渭为最，所镌笔筒拓本，收入《清仪阁所藏古器物文》册十，书迹秀丽。嘉道时期刻字尚整饬之风，已见于此矣。

上述清前期各家，除潘老桐外，均嘉定人，一地荟萃，练水诚为竹刻之乡矣。其中吴鲁珍浅浮雕之微妙得神，封、施师弟圆雕之超朱轶沈，周芷岩之南宗山水及陷地深刻，潘老桐得濮法之

神，又兼工浅雕深刻，皆冠绝当时，又垂法后世。其余诸子，或有传香绘影之能，刻棘镂楮之巧，亦为刀工增添一格。故此百五十年，可称竹雕刻法大备时期。

清代后期
公元1796—1911

自嘉庆至清末为清代后期。此百十余年，竹人更多，且不限嘉定、金陵两地。东南诸省，各有名工。兹列举其中之佼佼者，略为论次于此。至言赅备，则竹人两录，尚有遗珠，更非此稿所能及矣。

蔡时敏，庄绶纶，皆工人物。

时敏，字逊初。金坚斋称其所雕十八尊者，摹李龙眠。"庞眉深目，朵颐丰颡。猛如搏虎拏龙，静若拈花执帚。曲尽变化，无有同者。"

绶纶，字印若。专工仕女，自谓周昉、仇英所绘，皆其粉本。所制有四美人图、杨妃春睡图、红叶题诗图等香筒。

按蔡、庄均与金坚斋同时同里。金谓时敏不袭封氏面目，故知所作为立体圆雕。庄刻香筒，故知所作为透雕。可见乾嘉之际，圆雕透雕，均尚流行。此后则作者日少，而以阴文为主矣。

张宏裕，方絜，皆工小像。

宏裕，小字百福，嘉定人，工画人物。初刻花果，后弃去，专刻小像。按以竹雕为小像，封义侯曾自镌之。但金坚斋则谓宏裕"弄异标新，独以三寸竹为人镂照，自朱氏至今，别开生面矣"。又张灏有《题张宏裕竹刻小像诗》，一起云"刻竹开生面，权舆古未

尝"，均以为竹刻小像自宏裕始。文士叙事赋诗，夸饰在所难免。宏裕之前，已有竹雕小照，可以断言。惟其盛行，则当在清代中叶以后也。

方絜，号治庵，字矩平，浙江黄岩人。《墨林今话》称其"精于铁笔，刻竹尤为绝技，凡山水人物小照，皆自为粉本于扇骨臂搁及笔筒上。阴阳坳突，勾勒皴擦，心手相得，运刀如用笔也"。李兰元有赠治庵诗："方子诗画兼能事，精于镂竹本余技。岂知翻样出汗青，复擅传神到刻翠。"《前尘梦影录》记"方为释六舟达受作庐山行脚图像于臂搁，须眉毕现，而为阮元作八十小像更佳"。褚礼堂曾见六舟像臂搁，谓"凸起分许，神气栩栩，与其自画剔灯图小像相同"。

张、方两家，均刻小像，但雕法不同。张为立体圆雕，方为浮雕。自方以后，雕像多用留青或阴刻。浮雕渐少见，圆雕则濒绝迹矣。

此时刻画本最佳者，当推蔡照、袁馨两家。

照原名照初，字容庄，浙江萧山人。能篆隶，好治印、擅刻竹木，《涤山笔记》称"任渭长以画名海内，所绘《列仙酒牌》、《于越先贤传》、《剑侠传》，笔法精细，非庸工所能办"。而容庄为之"奇巧工细，有观止之叹"。所作扇骨，数以百计，花卉、山水、人物咸备，亦均由渭长落墨，容庄奏刀。刻法以阴文为主，昔有拓本流传，惜未影印刊行。惟容庄固擅作多种雕法者，《刻竹脞语》记渭良绘渔翁臂搁，乃用留青刻成。

袁馨，字椒孙，海宁人。《广印人传》谓"浙中以刻竹称者，惟椒孙与容

庄两人而已"。褚礼堂曾见所刻臂搁，"任渭长画洛神，雕法工细绝伦。雾鬓风鬟，眉目端丽，衣褶有吴带当风之妙"。

清代晚期，竹人自画自刻者日少，虽名手如蔡容庄、袁椒孙，画稿亦非自作，而有求于画师矣。

精刻字者有周锷、韩潮。

锷字剑堂，嘉定人，以精刻小字称著，嘉庆时卒。金坚斋谓所刻箑边字，"细如蝇鬚，而分行布白，层次井然，见者诧为鬼工"。所刻多由同里浦俨斋熙作书，而浦熙固善作细楷者。

韩潮，字蛟门，归安人。刻扇骨小行楷，可作数百字。刻前似不先写，乃用镂石章边款之法为之，亦不事修饰，故或有不甚连属处。但一气呵成，转觉其自然活泼，无甜熟态。

刻字自乾嘉整饬一派，渐趋向细密。细密难工，亦是一种发展。惟至其极则如江都于啸仙，自称浅刻毛雕，出金陵一派，所刻扇骨字如芥子，每边不下十数行。刻时但凭指腕感觉，用锋颖划去，刻成亦无由看清，须持放大镜照读。究其实，刀法视濮仲谦大异，与前人所谓金陵派无涉。浅刻若此，乃以纤小炫奇，故堪称绝技，而非绝艺。徒为好事家所珍，不为真鉴者所赏。鲁迅先生于《随感录》中，早谓此等本领不过弄玄虚耳。

晚清刻金石文者颇多，朱宝骃、杨澥、周之礼三家最有名。

宝骃，字又原，浙江德清人。工书画，精刻竹，镂箑边多摹写金石款识。

杨澥，原名海，字竹唐，号龙石，江苏吴江人。刻竹擅摹金文，刀痕深而且圆，别具一格，与一般深刻不同。

之礼，号致和，又字子和,江苏长

州人。摹刻金石文字及器形，残缺锈蚀，惟妙惟肖，与拓本较，不差累黍。

乾嘉之际，金石之学盛兴，或集款识，或拓器形，缩写钩摹，梓木勒石。风尚传播，遂见之于竹刻。工艺不能脱离其时代，此又一证。

早期竹刻多为光地，嘉道以后，糙地渐多。其用疑始于摹刻金石。泉币古镜，锈花斑驳，锲以状之，即是糙地。自此孳衍，乃有砂地、核桃地种种名色。

清代晚期，在雕法大备之后，竹刻仍有发展。以题材言，小像写真及摹刻金石，均为前期所罕有。以技法言，各种糙地，皆见用于此时。更重要者为此一时期之技法特色，力求以刀痕表现书画之笔墨。如借刻迹之深浅毛光，以逼肖用墨之浓淡干湿，模刻书画，使人一望而知为某家，于更早竹刻中，殊不多见。故清代晚期，亦可谓在刀痕表现笔墨上有较大之发展。顾此一趋向，又导致时代风格之变化。良以此时竹刻，书画每出书画家之手。即使刻者自书自画，亦十九为缩临或摹拟名家之作。所追求者，自以表现书画之意趣为多。书画家于竹上打稿落墨，只能一次告竣，势难随作随刻，待刻手雕完一层，书画家再作一层。故文图之经营位置，只在竹材表面。缘是，竹人所刻，亦只在竹材表面。于是一般阴文成为最常用之刻法，浅浮雕已极少见，高浮雕、透雕、圆雕、陷地深刻诸法，竟无人问津矣。正复以是，竹雕器物亦随之而变化。立体雕刻如生物形象及几案间器物已无制者，可供作高浮雕笔筒之竹根，亦视等弃材，所制者多为在表面上刻书画之笔筒、臂搁及扇骨矣。工艺之创作设计，与工艺之技法及工艺品之形制品种，其间之因果消长，盖若是也。刀痕表现笔墨，虽是技法之发展，其发展竟使刻法日趋平浅，面目未免单一。事物之得失利弊，相倚相伏，又若是也。故此百十余年，若就竹刻之主要趋向而言，不妨谓之为以雕刻再现书画之时期。

纵观四百余年之竹刻，可概括为由明中叶之质拙浑朴，发展为清前期之繁绮多姿；又自清前期之繁绮多姿，嬗变为清后期之平浅单一。以雕刻再现书画，实为后期变化之主要因素。余自幼学刻竹，亦尝致力于表现书画之笔墨。始则常恨刀痕终非笔痕，未能惟妙惟肖。继则渐谙事物既殊，面目自异，设以竹刻之意趣，转而求诸笔墨，亦非笔墨所能尽似。譬如石刻画像、白描插图，乃至套色版画，在影印制版之术未精之时，未尝不恨其表现书画有所不备。及至今日，影印日精，石刻版画，翻成专门艺术，蔚为大观。竹刻之道，又何独不然？于是又以为竹刻固自有竹刻之书画。迨两鬓已丝，所见稍广，溯源循流，绎其嬗变，又终悟竹刻虽有竹刻之书画，但竹刻决不能为表现书画所局限，此正清晚期平浅单一问题症结之所在。竹刻与书画，尽多相通之处，但雕刻终究是雕刻。雕刻为立体艺术，书画为平面艺术，岂可尽废立体艺术，而代之以平面艺术？故竹刻中书画之意趣若愈多，雕刻之意趣必愈少，竹刻岂能为书画之附庸哉！嗟夫，心有所通，而时不我予。今已手颤目昏，不复能操刀运凿。博采诸法，去腐撷精，不拘一格，变古开今，使吾国之竹刻艺术，再呈异彩新辉，惟有企伫来哲矣。

备 材

竹之种类至繁。刻竹用材，毛竹为上，以其体硕而质坚也。

刻竹如雕立体人物、山水、鸟兽等，采用竹根，就其天然形态，设想构思，施加刀凿。其经营假借，与玉人治璞，原无二致。此等竹材，得之不易，须深入竹林，致力搜求。封毓秀赠两弟诗即有"取材幽篁体，搜掘同参苓"之句，言其取材之难也。如雕笔筒、诗筒、臂搁、扇骨等，则就竹身截取。选竹须谙产地，余曩岁多往天目山，以其土沃而竹壮也。伐竹须审竹龄，嫩者质地未坚，疏松不堪用。老者文理粗糙，不耐精雕，故以三年之竹为佳。采竹须知时，入冬方可，取其精华内敛而虫蠹少也。

竹材于未干透之前，表皮青筠，切不可擦伤，否则纵刮去青筠，肌肤仍有渍痕，再难磨泯。用刻留青之竹皮，更不可有纤毫伤损，刻成方莹洁如玉。故选取竹材，必须亲入山中，相择枝干挺直，周围停匀，净无斑点，节稀有长逾二尺之大竹，齐根斫伐。斫去小枝后，节节锯断，倾泻每节中之竹液，不使略有存积，以免从内泛出黄斑。然后每节

用纸包裹，携运出山。

竹材到家，截成毛坯，贮大釜中，煮沸半小时后捞出，随手洗去竹上浮脂。如此则表里脂汁，尽溶水中，如有虫蠹，亦皆死于沸汤，从此可耐久藏，无蛀蚀之虞矣。

臂搁毛坯，可置半阴半阳之处晒干，约一月余，青筠转为白色，是渐干之象。竹根及笔筒、诗筒等，切不可晒，只能多容时日，俟其阴干。倘经日照，必致外层先干而内犹润湿，表里收缩不一致，裂成缝隙。扇骨则不妨置屋顶或檐前暴晒，一月即可干透。

毛坯须干透后方能裁截定形。如不刻留青，此时可刮去表皮。惟愈入肌理竹纹愈粗，故表皮不宜刮去过多。刮时可用刀，或碎玻璃片亦可。次为磨光，先用细砂纸，再用羊肝石。砂纸可在长方木块上贴定，既便推按，又易平直。羊肝石亦可锯成不同片块，视竹材大小，随意选用。最后用粗布擦白蜡，用力往复，即生光泽。

各种材料，在未刻之前，可用布裹核桃仁擦一二遍，使稍油润。但刻后不可再擦，因刻痕油易沁入，刀口两旁，

生渍可厌。

扇骨磨光后，尚有打孔烫钉一道工序。打孔务求垂直不偏，扇钉亦须圆正，粗细长短，与孔眼及股数配称方好。不然妨碍开折，且有散头之病。

工　具

入山伐竹，锄锯是赖。二物山中处处有之，不烦自备。惟雕刻用竹，非同一般竹材，不得稍有伤损，故工具务求锋利。如恐一时措借不及，自携小锯亦佳，锯条不宜厚，锯齿不宜大，否则将断未断时，竹丝每易撕裂。裁截时锯口两侧须支架稳实，勿使一侧垂落。将断时须放缓速度，皆防其撕裂也。

竹材携归，裁截定形，用锯及锉。制臂搁、扇骨之类，须先用劈刀，其形制似柴刀而背较厚。

学刻竹须先学磨刀，学磨刀须先学辨石。石以质纯无砂粒者为佳，有粗、细、软、硬之别。粗石可用一般磨刀石，细石可用羊肝石，以色紫如羊肝得名，南方磨剃刀多用之。

磨刀先用粗石磨，再用细石磨，可事半功倍。刀口厚薄或形状不合手时，更当先用粗石改变其式样，再用细石磨出锋刃。

磨大刀可用软石，石软反易收效。磨小刀宜用硬石，成锋后再在软石上轻轻晃荡。小刀用软石磨，易陷入磨迹，以致棱角尽失。

磨刀须先看刃口。如刃口不合规格，或有缺齿，则第一步先修刃口。其法在粗石上垂直磨，待刃口修磨平正，第二步始磨刀。

磨刀宜先横刀磨，至见锋时再顺刀磨。如此收效速，且刀刃端正无草率相。

磨刀应留意臂腕动作，体会如何方能手稳、力匀、路直。能如此则磨成锋刃，犀利耐用。

刻竹用刀，原无定形，以合手为佳。刻者不妨于操作中据所需求，酌定式样，自行磨制。故刀形或多或少，因人而异。余平时只用三五柄小刀，分平口与圆头两种。平口刀与刻印所用者同而稍薄，刻阴文用之。如浅刻则用圆头刀。刻阳文中之核桃地，或摹刻泉币古镜之锈斑，亦用圆头刀。

如刻陷地深刻、浅浮雕、高浮雕、透雕及圆雕等，三五小刀外，须另备凹刃卷凿，及宽刃铲刀，因层次深而去料多，小刀刓剔无多，费力难成也。卷凿铲刀，可借用木刻工具，或稍改刀口即可用，不必全部自制也。

凡雕去料较多之器物，两手能同时操作始便，故雕件须用钳夹固定，即所谓老虎钳或拿子是也。惟民间雕刻家，有更为简便之设置。其法于长凳上加布垫，上放雕件。以布带或绳索一条，作圈环绕之，使垂落在凳面之下，不及地面约三五寸。另用一粗木棒，一端着地，一端纳绳圈内。操作时人骑凳上，以一足踏木棒，雕件需勒紧或勒松，全凭足之踏重或踏轻，与雕凿时之用力大小，可随意配合，且无损于雕件。欲取下雕件时，抬足可以立办，故简便适用。此凳与钳夹，正可各置一具备用。

刻竹时棕刷帚不可须臾去手。刀口内竹屑，须随手清刷，俾知已否干净利落。刷帚用棕丝缠扎，愈紧愈妙。刷丝不宜留得过长，长则疲软无力。

做　法

刻法名称

言做法当自正名始。刻法分类，向无定名。褚礼堂分竹刻为两大类。以竹根雕成之器物，如人物鸟兽及竹罂等，名曰制物。就竹材之面作雕刻，如笔筒、香筒、臂搁、扇骨等，名曰平刻。而平刻又分阴文、阳文，二者又各有深刻、浅刻。实则礼堂所谓制物，即立体圆雕。平刻余以为不妨名之为竹面雕刻。以竹材面既不平，所刻非阴文即阳文，亦无平处。故平刻之名，不副其实，易滋疑义也。

竹面雕刻，阴文者由浅而深，刻法有毛雕、浅刻、深刻及陷地深刻。陷地深刻一名，前所未有，乃由余杜撰，说已见《简史》。阳文者由低而高，刻法有留青、薄地阳文、浅浮雕、高浮雕及透雕。其中薄地阳文一名，由于时代之不同，所指之刻法亦异，说将详后。

刻法名称，列表于右，以便一览。至其运刀之法，此后将分别论述。

刻法须知名称，不知无以为言，但又不可拘凿。创法者立法，后人名之曰某某法，创者未必自知也。其筹划凹凸，斟酌浅深，往往从心所欲，故刻法决不能器器相同。其中有介乎两法之间者，亦有一器兼用两法或多法者，后人不妨据其大貌，曰近似某法，偏重某法，或兼备某法。若必欲以某一法强名之，则失诸拘凿。吾辈学刻竹，知前人大体有若干法即可。迨从事创作，亦不妨从心所欲。若必欲效某家某法，又不免拘凿。且前人之刻法，皆为雕琢当时之器物，表现前代之内容。时易代更，器物内容，均随之而变更，于是刻法亦

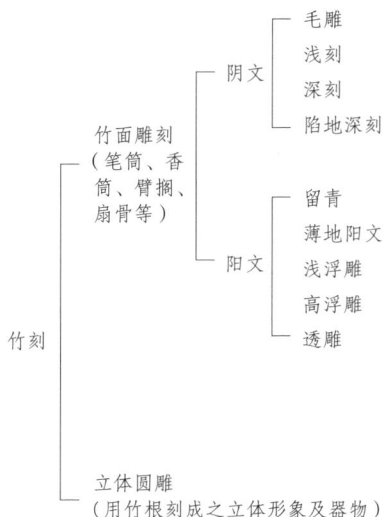

```
                                       ┌ 毛雕
                                       │ 浅刻
                               阴文 ────┤ 深刻
                                       └ 陷地深刻
              竹面雕刻
              （笔筒、香
       ┌──── 筒、臂搁、
       │      扇骨等）
       │                               ┌ 留青
       │                               │ 薄地阳文
竹刻 ──┤                       阳文 ────┤ 浅浮雕
       │                               │ 高浮雕
       │                               └ 透雕
       │
       └──── 立体圆雕
              （用竹根刻成之立体形象及器物）
```

不得不变。若昧斯理，只知在前人刻竹中讨生活，则又拘凿矣。

竹刻题材

立体圆雕，传世器物所用题材，人像多为童叟仕女，历史人物，仙佛道释等。山水或制成陈设，或雕作笔架，每取景于峰峦云水，树木人家。鸟兽曾见鸾凤鸳鸯，鸠鹑凫雁，辟邪狮象，猿马牛羊。花木常见者为松竹灵芝，梅花水仙。蔬果有菘瓜菱豆佛手葡萄等。鳞介之属，大则虬龙，小则虾蟹，尤以蟾蜍青蛙最为习见。他如罍洗杯爵诸器，往往雕成古松盘结，枯木丫杈。余虽寓目不广，略加胪列，已足见古人状物写形，颇为繁富。惟艺术贵在创作，自应跳出窠臼，刻前人所未刻。新题材原在天地间，端在善于摄取耳。

竹面雕刻，题材更为广博，凡可现诸绢素者，无不可施于竹端。别类分门，曷胜列举？约而言之，则书与画耳。竹刻与书画有密切关系，于此可见。惟竹刻不得为书画所局限，而应卓然自成艺术。前叙简史，已反复言之矣。

刻竹须知用竹

刻竹须知用竹，不知者徒成赘累，知之者适为我用。留青之制，文地灿然，是竹筠之为我用也。竹材断面，丝纹点点簇聚，明人圆雕罗汉老僧，借以状头顶之发痕，巧如天设。竹根磈硊不平，用以雕山石，不数刀而形态已具。尝见旧雕竹蛙，背股间花纹绚烂，嘘翕欲动，乃借助于竹根圆斑，始有生气。臂搁下端，或留竹节，仿佛有人攫如椽之笔，挥此一划，为

雕刻作有力之结束。且天然之节，与人工镂镂，上下辉映，益呈妙趣。椭圆笔筒，未必逊于圆正者，其可见之面广也。畸形竹材，或斜敧，或卷转，裁制得宜，雕琢成器，每清新可喜。即使鸟啄虫伤，亦何妨借作木瘿树穴，人舍我取，却能点铁成金也。

设计打稿

前代名家，如朱松邻祖孙，周芷岩叔侄，均有书画名，故知刻竹以自家立意构思，自家打稿落墨，自家操刀运凿，书、画、刻出于一手为佳。缘刻者寝馈于斯，个中甘苦，知之最审，他人代庖，终隔一层。且画家打稿，只能在器物表面，如刻高浅浮雕、透雕及陷地深刻等层次多而深者，画家更无从措手。余深愧既不工书，又拙于书，惟有求人书画于竹端，作为粉本，故所作未免以浅刻、深刻、留青、薄地阳文等为多。书画家既为落墨，自当细心玩味，思如何以最忠实之刀法以出之。但间或画本与竹刻之需求未尽适合，有待商榷斟酌处，亦尝以私意更易之。刻成再示原作者，往往蒙其首肯。何时当忠于原作，何时又宜灵活变通，多经实践，自能分辨也。

竹刻书画，每倩书画家为之。刀法优劣，能否传书画之神，固在刻工。顾先有佳本，乃有佳刻，是亦不易之理。书家作书，款式行气而外，须知如何写去，始便于刻出笔情墨趣。画家尤须处处为刻者着想，如何打稿，始适宜变换其刀法，以期自然浑成而又富于变化。伯兄北楼，能作寻丈巨帧，但画尺许之臂搁扇骨，亦如狮子搏兔，必以全力。每见其把竹凝视，心有所会，方肯落

笔。一稿甫就，便告曰：某处用阴文，某处用阳文；某处宜深刻，某处宜浅雕；某处求对比，某处是呼应。盖其构思时，已预见刻成之全貌矣。尝谓书画家与刻工，有如词曲家与歌者。词曲家如谙音律，其填词之际，已为歌者之行腔吐字作好安排，故唱来抑扬跌宕，自然动听。此理刻竹者当知之，为人作书画者亦当知之。

刻古人书画，惟有摹写一法。书画尺幅大而刻件小，故十九皆缩摹。缩画当知取舍，位置亦可改易以使就我。设事事笔笔尽摹之，岂复成画，要在不失原作之风格笔意耳。缩书则不然，不得有一笔之简略，款式行气亦不得随意变易。故缩书除用摄影外，可打格缩摹之。其法用玻璃纸蒙覆原作，在纸上及刻件上，打大小不同之方格，依其部位缩摹之。字形既定，刻前尚须细心玩味每笔及笔与笔间字与字间之提按转侧，牵曳顾盼，始能领会其神情，而传之于刃下。笔形虽不能变，笔神尤不可失。形存神亡，便黯然失色。盖书家作书，设同幅写若干遍，其字形大小肥瘦，不能遍遍相同。但其笔法神情，则始终如一也。故缩摹之似不似，端在神之存不存。世人每谓刻书易而刻画难，实则刻书难于刻画，何止倍蓰。刻画稍有舛误，尚可修补掩饰。刻书则必须全神贯注，不容有一刀走失也。

竹刻书画，其尺寸款式，视器形而异。扇骨狭长，可拟作屏条。臂搁稍宽，可拟作立轴。笔筒圆围亵长，可拟作横卷或通景屏。其位置经营，与书画卷轴，正有相通处。顾扇骨上广下隘，视屏条又有不同。笔筒如全身雕刻，景色必须衔接。须起讫难分，始有物象如

环之妙。高浮雕笔筒，景物远近层次较多，不仅有表层之衔接，且有深度之衔接。此皆画家构图所无庸虑及，而竹人制器则必须惨淡经营者。诗筒香筒，圆径差小，景色衔接而又熨帖自然者，尤为难能，以无铺陈延衍之余地也。每见前代此等竹雕，不禁念及个中甘苦，而为之抚掌赞叹也。

览读前人画迹，研习明清竹雕，镌刻时贤所作画本，渐悟画外有画之理。老梅一树，自右侧邻下，偃出画外，至上半，枝干劲挺，又横斜而下。幅中虽不画树身，而宛若见其苔藓皴皱也。茅堂之上，只见岩壁，薜萝垂拂，杂草纷披，虽未露山巅，而仿佛见其矾头突兀也。洛神凌波，罗衣长曳，画所未容，何啻数尺？但自使人觉其轻裾飘举，恍闻环佩之声也。物象未形于笔墨，而观者竟见之于想象之中，感之于视觉之内，此非突破画幅周缘，而画之于绢素之外乎？然观者之所感，毕竟得之于画内之所示，设画内无画，观者又何由得感？故以何相示，所示几何，大有学问。惜墨如金，爱纸逾帛，容人想象，蕴藉含蓄，取舍剪裁，恰到好处，克否臻此，斯在画手之高下矣。画外有画，其理至为浅显，前人画本，可供参悟者，亦不可胜数。余因竹刻篇幅局促，尤以臂搁扇骨为甚，状物如取全形，必嫌缩写过小，反不成画。画外有画之法，更宜倍加致意，故特拈而出之。

竹刻书画，可用笔墨写在刻件上。未写之前，须去竹面脂蜡。如素巾未能拭尽，可蘸滑石粉擦之，务期净洁，方能受墨。写后又须用绵纸包裹，只露正待镌刻部分在外，余悉密封。否则汗手触及，每易污染。因此每件竹

雕，何处先刻，何处后刻，须有规划。事关操刀是否顺手，纸裹是否方便，不可漫无打算。

刻法分述

毛雕 阴文雕刻，最细最浅者曰毛雕，言其细如毫发也。如言鬃饰，可上溯至战国针划花纹之奁盒诸器。如言竹雕，文献则有唐人笔管，实物则有唐代尺八，于留青花纹上施浅雕。清宫多明代毛雕笔管，有宣德、嘉靖、万历诸年款，或竹或牙，犹有唐人遗意。李放辑《中国艺术家征略》，记清车奕制箫有潇湘八景及十八尊者等文图，亦是毛雕。大抵器物之不宜深刻者，如笔管、尺八、箫等，只得以毛雕为饰，否则不烦用是法。以毛雕痕浅，日久易泯灭。但毛雕固不妨与其他刻法配合采用，借以写非细划不足以状其态者，如人物之须眉，鸟兽之羽毛。刻字亦有用毛雕者，近代于啸轩以此得名。但不为真鉴者所赏，前已言之矣。

浅刻 浅刻刀痕，不仅有线，而且有面，自与毛雕有别。画本中有适宜浅刻者，如华新罗之花鸟，以其笔致飘逸，正可以浅刀出之。刻字亦然，姿媚如赵子昂、董香光行书，浅刻能近其意。如用以刻北魏人书，便无以见其凝重。近人或有越浅越难、以浅为贵之说，亦殊不然。浅而难见，又奚刻为？且刀痕太浮，亦若毛雕不能致远。尝见浅刻扇骨羲之爱鹅图，款署"竹斋"，下镌"松"字一印，运刀亦颇娴熟。惟竹色未深黄，已待迎光映照，始隐约见其踪迹矣。

深刻 阴文中最基本之刻法为深刻。惟虽曰深刻，几无不兼有浅刻，所谓深者，乃就其刻痕有深处而言，以别于浅耳。故人或称深刻曰"一般阴文"，以免误解。学者不可固执其名，而以为只许刀刀深刻也。深刻虽为阴文，用雕画本，却往往阴中有阳。如刻水仙，缘花朵之轮廓着刀，轮廓之内，金盏中突，玉瓣围匝，悉凭留高去低，以呈现其凹凸起伏。又如刻秋篱老豆，荚荚饱满，乃刓剔荚内周缘，而使豆颗有隆起之感。此皆阴中有阳，乃阳由阴取、阴逼阳成之法也。

陷地深刻 又有一种深刻，比一般深刻更深。竹材表面光素，是为地，物象则全部刻陷地中，不下五六层，始达其最深处，故拟以陷地深刻名之。正因其刻陷甚深，故又得于其间留出竹材，以备刻立体或高浮雕之物象，此又阴中之阳也。此法似始于清代前期，尝见有周芷岩制者绝佳。其常见之题材有二，一为荷花，花朵四周皆镂空，而花瓣则丰腴饱满。荷叶多深刻，在其翻卷下凹最深处，留出竹材，刻一小蟹，直是立体圆雕。一为晚菘，茎叶逐层深刻，可窥见菜心，卷转向背，皱痕筋脉，状写逼真。其间或着一二瓢虫，又是圆雕。旁穿三五蚀孔，镂镂欲透。此法乾嘉以后已少有刻者。

留青 留青乃用竹之青筠，留作微微高起之花纹，而以去筠之竹肌为地。竹筠洁如玉，竹肌有丝纹。竹筠色浅，年久呈微黄，竹肌则年愈久而色愈深。盖利用质地及色泽之差异，分为纹与地也。留青刻画本，极饶变化。因青筠可全留、可多留、可少留、可不留。留愈少，竹肌之色愈外泛，故可假全留、多留、少留、不留，而生褪晕，分层次。明晦浓淡，因景而施，于是变幻诡谲，而色彩纷呈矣。留青之法，至明末张希黄而大备。李葆恂《旧学庵笔记》记所刻山水臂搁一事，称其"主峰突起，崚嶒为岿，欲插霄汉，而云气断之，穷不见顶，下不见麓。云势或浓或淡，缥缈卷舒，如置身黄山始信峰上观云海也。下作水村，渔庄蟹舍，映带垂阳丛茭中，或明或暗，似有夕阳蔽亏其间。间以渔家晚饭，炊烟缕起，临水草树，亦模糊灭没，若有若无，又俨然赵大年小景也。凡云气、夕阳、炊烟，皆就竹皮之色为之。妙造自然，不类刻画，亦奇玩矣"。李氏所述，颇能道出希黄运用竹筠之妙，且可自此参悟留青刻法，故特录之。

薄地阳文　此名有二义：一指吴鲁珍所刻之浅浮雕，其刻法浅于明代之高浮雕，故金坚斋创"薄地阳文"一称以名之。一指较鲁珍之浅浮雕更为低浅之阳文。清代晚期以来，高浅浮雕，均濒绝迹，如有阳文，多为隐起甚微者，刻者乃借薄地阳文一称以名之。故近人所谓之薄地阳文，实较金坚斋原来所指者，更浅更薄。兹述刻法，除指出薄地阳文在不同时期各有所指外，说明今从近人习惯，用以名隐起极微之阳文，而对吴鲁珍所擅长之刻法，并曰浅浮雕。近人所谓薄地阳文，乃将花纹以外之全部竹地，或邻近花纹四周之竹地刮去，使花纹微微高起，然后雕刻其上。汉画像石每将花纹以外之石地，薄薄减去一层，以显现花纹图案，人或称之为"减地法"，薄地阳文，仿佛似之。此法虽是阳文，其中又有阴刻。不仅此也，薄地阳文之刻得好否，直可谓须看其阴文刻得如何。试言以薄地阳文作人物，阳文主要在刻出轮廓，面目衣褶，则阴刻是赖。岂有面目衣褶不佳，而有美好之人物！阴阳相生，其用甚大。凡阴与阳，均不能独自存在，雕刻亦然，学者可于此三致意焉。

浅浮雕　此指阳文雕刻之低于高浮雕，而又高于薄地阳文者，其中包括金坚斋所谓之薄地阳文。因金所指乃吴鲁珍擅长之刻法，据其高度，应归入浅浮雕一类，始名实相副。浅浮雕须铲去较多之竹地，始能留出凸起之花纹。铲多铲少，有高有低，交错掩隔，乃分远近，生层次。此为明清一般浅浮雕之刻法。若吴鲁珍之浅浮雕，则景物主题之外，任其光素，但主题上则有微妙之坳突起伏。故浅浮雕之画稿，余以为非刻者自为之不可。以画景不在同一平面上，不能一次画成。安得有画家随时在旁，为搦管作稿耶？刻者布局既定，宜先作完整之画本。倘系圆形器物，若笔筒等，直须画在纸筒模型上。雕件只能先将最高一层画好，以后刻到某层，再画某层。采用随铲、随画、随刻之法，方能竟功。三朱、两周及吴鲁珍等刻高浅浮雕皆极精工，固知其非兼擅绘事，不能胜任也。

高浮雕　作高浮雕，为使高处更高，必须使低处更低，故铲凿亦更深。竹材惟近根肉厚一段堪用，制成臂搁，已不相宜，遑论扇骨？惟笔筒为佳耳。其层次变化多于浅浮雕，景物亦更圆浑，或竟有如立体圆雕者。赵圻《竹笔尊赋》序曰："一尊之间，因形造境，无美不出。洼隆浅深，可五六层，漏沉其次也。"寥寥数语，颇能道出高浮雕设计造形之特色。为作画稿，除顷已道及随铲、随画、随刻之法外，恐更无简易之方。至于雕刻工具，一般竹刻所用之三五小刀，已不敷用，须有圆口卷凿，宽刃扁铲，用之于凿毛坯，辟画境。先有大开大合，始能有细凿精镂也。

透雕 前人刻香筒，多用透雕。褚礼堂《竹刻脞语》称："截竹为筒，圆径一寸或七八分，长七八寸者，用檀木作底盖，以铜作胆，刻山水人物，地镂空，置名香于内焚之，名曰香筒。"盖昔为熏香而设，故有透雕之制。但诗筒、笔筒，亦有镂空者，以纵有透漏，亦无害贮诗笺、束毫管也。透雕大体可分为两类：一以物象为文，镂空作地，以虚衬实，相间成章。故透空处有规律可循，实物如《述例》中双螭纹香筒是也。一则于人物旁侧，或树穴石窦，景物间隙处镂空，故透漏无一定规律。前者乃图案花纹，后者多为山水人物画本。透雕刻法，近似高浮雕，不仅镂刻花纹正面，旁侧圆转处，亦见刀痕。雕饰既繁，复因镂空，疏透玲珑，乃其特色。香筒作为器用，早已为时代所淘汰，但透雕终不失为竹刻刀法之一。前人所制，其良工巧思，亦堪研习采撷焉。

圆雕 余平时所刻，大抵为笔筒、臂搁、扇骨，于圆雕自愧试制不多，理解甚浅。顾亦知竹刻之难，圆雕居首。竹根半藏半露，在林谓是良材，掘得未必中用，其难一也。造形设计，虽可借助于画稿模型，尤当攫捉神态，存于意想，非同表面雕刻上有画稿可循，其难二也。竹根囫囵，手握不便，刓凿坯胎，须钳夹固定或置凳上勒稳，其难三也。圆雕处处有镌镂，或探凿于深坳之内，游刃于狭隙之中，须不时变换握刀姿势及进刀角度，其难四也。初雕既成，修饰光磨之工，均非其他刻法可比，其难五也。难中之难，尤在神情之攫捉，以

既无画本，不免随时端详，随时镌刻，使其渐如人意。无怪乎程穆衡谓竹人琢器，"每昼一哺而数起，夜十寐而频兴"（见《嘉定竹器赋》）。盖艺术创作，专心致志，锲而不舍，精神与作品，已凝结为一，日夜辛勤，固有不能自已者矣。愚以为圆雕宜先从小品入手，便于习作。如遽尔大器，一生疵谬，兴致索然，遂难竟其事。倘能循序而进，刻苦研习，则天下无难事，定能推陈出新，超轶前匠。圆雕自清中叶以来，制者日稀，终归沉潜。愿献议当世之专攻雕塑者，除凿木石，抟泥膏外，更以竹材为之。俾使吾国专门艺术，再振重光，不亦伟乎！

纹覆地，地承纹，地为纹辅，纹因地成，自商周铜玉以来，纹地之用尚矣。竹刻之地有四。一为光地，即平地也。二为空地，即透雕之镂空地也。三为图案地，以几何图案为地，如雷纹地（一名回纹地）、波纹地、鳞纹地、锦纹地等，即明清剔红器中所见者。四为糙地，亦以形似得名。细砂地、粗砂地、核桃地、香橼地（一名橘皮地）等皆属之。余尝杜撰一种皱纹地，丝丝如垂草，遂名之曰蓑衣地，近年颇为刻者采用。刻竹以平地最为纯朴，用于书，用于画，用于各种刻法，无不相宜，惟貌似易而实难。其法先用刀刮，再用羊肝石打磨。花纹边隙不容石处，可用学童写黑板所用之石笔代之，最后上光。其难在未上光时似已甚平，上光后又觉不平。欲求一平如水，光可鉴人，实大难，所费功力不在刻花纹下。透雕刻图案花纹易，刻画本难。因前者逢地即镂空，可任意留成空地。后者关联景物构图，镂空必须空得有理。故空地疏密得宜而又自然熨帖者，非意匠经营不可。图案地只宜

间托图案花纹,《述例》中明代浅雕山水扇骨,其中水纹,实近似图案地。清代中叶以后,竹黄雕刻盛行,图案地之用乃广。刻糙地不问何种,要诀在不可不匀,又不可太匀。不匀刺目,太匀若机械所为,又嫌板滞。但期有地而不觉有地始佳。其功能只在衬托间隔,决不可喧宾夺主,使人眼花缭乱也。

握刀运刀

刻竹握刀,只用食、拇、中三指。刀与竹面约成四十五度,从外向怀中刻下。向外刻甚易走刀,初学须注意。用力要匀,过大过猛,皆易溜刀。初刻时刀刃遇竹纹直丝时,容易跳丝。行刀要有欲去还留之意,多多练习,即不觉竹丝之横直,无不得心应手矣。下刀要稳而准,刻在要刻之线上。倘重刀修改,必然失神,与书画不可重描同理。刻阴文笔划较细者,左右两刀,刻痕已干净利落。笔划较粗者,或待刻第三刀。总之要求刻一刀是一刀,不可含糊犹豫。以上为刻竹入门技法,除毛雕以划为主,有所不同外,不论阴阳深浅,无不以此为准。

刻法变化

竹刻有一器用两种乃至多种刻法者,如人物用高浮雕,花木背景用阴文深刻或浅刻。或人物用高浮雕,近景用浅浮雕,远景用阴文浅刻。山水主树近石用高浮雕,杂树用浅浮雕,远山用薄地阳文。刻花卉如牡丹月季等,花朵用留青,枝叶则用一般阴文。或花叶亦用留青,叶正面在青筠上刻叶筋,叶背面以青筠为轮廓及叶筋。即正面叶筋为阴文,背面叶筋为阳文。刻折枝花果,花枝果枝,均用深刻,花叶用浅刻,果实则用薄地阳文。刻法参互叠见,综错多方,不胜缕述。同器采用不同刻法,一为分远近。近景物象多高于远景,近景刻痕多深于远景,此一般之规律,但亦非不可变通者。一为表现不同之质感,叶之向背,色泽有别,且正面叶筋,每不及背面显著,故用不同刻法以状之,一为辨层次,物体邻毗,刻法相同,容易淆混,故用不同刻法以别之。若概括而言,亦不妨谓借多种刻法以求变化。笔调单一易板滞,刀工变幻则神奇,昔人云:"文似看山不喜平。"此语可借言竹刻也。

同一器既可用多种刻法以求变化,同一题材亦可借不同刻法而呈多种面目。此犹作书可用真、草、篆、隶,作画可用水墨、设色、双钩、没骨也。试以竹刻小像传真为例:如用浅刻,线条务期准确流畅,以刻画人物之神态。汉画像石及顾恺之画本,可以取法。所谓"春蚕吐丝,始终如一"之笔致,正可以浅刻拟之也。如用深刻,刀法力求简练,以李公麟之白描为圭臬。传世五马图,圉人一一如生,呼之欲出。其传真画法,倘深雕浅刻,运用得宜,或能略存其意趣,至于衣纹用笔,微见轻重转折,以深刻为之,亦颇适宜也。如用留青,竹皮之多留少留,可生深晕浅晕。传真家渲染烘托,逐旋积起之妙,正可以此得其仿佛。曾波臣之作,尚多传本,堪供印证也。如用圆雕,可于前代石刻木雕、夹纻泥塑中,求其消息。立体形态,与竹面雕刻大异,固不待言矣。凡上所述,咸自愧造诣未深,但又不辞喋喋者,乃冀对学者或有启发耳。吾人设于刻竹之前,先思某一题材可有若干种刻法，前人书画雕刻，是否各有可借鉴处，待刻成后，其面目又各将若何，或借此以开拓思路，或据此以选定刻法，其于竹雕创作，或有所助也。

刀法与笔墨

或问古人论画，有"墨具五色"之说，今刻竹亦能仿佛为之乎？答曰：水墨全凭墨之浓淡干湿以取色，刻竹惟见刀痕耳，二者实难相似。但作画不得悖于物理，用墨之变化，非为变化而变化，乃为状物而变化。画山水近景浓而远景淡，以远景不及近景清晰也。勾山头浓而皴法淡，以内皴不及外廓分明也。画松身浓而圈松鳞淡，以细部不及整体显著也。渲染山石用墨湿而皴擦用墨干，以渲染为分石面之阴阳，而皴擦为状石纹之起伏。非湿不足以生面，非干不足以醒其筋脉也。至言刻竹，又何尝可悖物理？凡作阴文，刻近景深而远景浅，刻山头轮廓深而皴法浅，刻松身深而松鳞浅，分石面阴阳之刀痕宜光泽平滑，醒筋脉之刀痕宜参差而具毛涩之感。刀法之变化亦为状物而变化也。故刻竹刀痕之深浅毛光，即作画用墨之浓淡干湿。墨具五色，讵不见于刻竹之中乎？

或又问曰：墨色之浓淡干湿，可以刀痕之深浅毛光以应之，此言刻画本耳，刻书法将安用之？答曰：似异而实同。书家用笔之提按转侧，行顿牵曳，其轻重皆不同。大抵落笔重而收笔轻，顿笔重而曳笔轻，行笔转笔又在不轻不重之间。凡用笔重者宜深刻之，用笔轻者宜浅刻之，不轻不重者又宜不深不浅以刻。如此则书家用笔之规律节奏，亦见之于刻痕矣。试观古人墨迹，笔蘸

墨处，历历可数。方其初蘸，墨色饱满润泽，渐书渐干，乃至渴而飞白，于是再蘸再书。饱墨所书，刻痕宜光，渴笔飞白，刻痕宜有毛涩之感。必如是，始能逼真墨迹，传其神韵。

琐论

名家所绘松针竹叶，其茂密者，重重叠叠，骤观似杂沓一片，谛视则远近浓淡，自有层次。其画时乃分组分层画成，故不紊乱。刻时亦须先看清其远近层次，然后分组分层刻之。否则理路不清，组合不明，将成一团乱麻矣。明清山水，南宗为盛。尝讶朱三松、吴之璠等家，何以竹雕山水，常法马、夏、戴、吴？尤以松针簇簇成团，纯为北宗画法。及操刀稍久，乃悟北派松针，刻高浅浮雕，较南宗画法之近似水藻者，便于镌刻，易于分层处理。举此一例，亦足见对前代画法，当择其与竹刻适宜者采用之，可收事半功倍之效也。

深刻山石皴法，靠外边一刀要峻深些，靠里边一刀要斜坦些，如此可增添山石之立体感。

摹古金石，以渴毫焦墨，戳擦而成，乌金蝉翼，皆能仿效，名曰"颖拓"。以刀刻摹古甲骨书契，汉镜秦泉，宛如拓本，亦竹刻题材之一也。欲求神采，全在逼真。金文虽用刀镂，须一望而有范铸意趣。其棱角残缺，或系损伤，或由侵蚀，锈花斑驳，或分层积起，或片片剥落，咸求毫发不爽，一一可辨。此全在薄地阳文上致力，如虫蚀木，自然成文，绝无雕琢气方好，不可以刻一般糙地之法为之。且币泉内之地，当高出于其周围之光地，否则有如嵌入竹内，无立体感矣。前人刻金石

文扇骨，两边物象，恒不相属。余出私意，币泉正反两面，各刻于扇骨之一边，一为面文，一为幂文，其位置亦固定不变。如此则一俯仰间，可睹其全形，或为考古者所不废欤？

竹雕上如有图章，当用印章之篆法刻之，使印文与真图章无异，不过具体而微耳。倘不讲求篆法，率尔操觚，与书画定难配称，即令写刻俱佳，亦为所累。印章如是阳文，印内地子与其周围之地子，以有差别为佳，如此方醒目跳脱。

臂搁反置，形如仰瓦，其凹面竹黄，亦可雕刻。前人有时正面刻画，背面刻书，或反是。竹黄肤理腻滑，可耐细刻，不妨用浅刻或毛雕。凹面摩挲难到，不易磨灭，故亦不妨浅刻。刻时握刀手指宜稍向后移，使刀头探出些。凹面运刀，与刻平面或凸面时之刀势及手劲皆不同，练习后自能适应。

湘妃竹有留斑刻地之法，借其斑点，作为花萼，宛如笔墨染成，是天然水墨与人工镂镂之合作画也。惟竹斑天生，疏密浓淡，宁随人意？必待刻者熟睹深思，看出如何用枝叶穿缀掩映，构成画本，使斑点又似为我而设，岂非"文章本天成，妙手偶得之"耶？尝见一斑竹扇骨，郑板桥以此法作梅花，潘老桐镂刻，颇得疏影横斜之致也。

总论

刻竹欲求精进，当有四多。四多者：多看、多刻、多学、多思也。多看者，看前人之制。多刻者，锲而不舍，勤苦练习。多学者，学习与刻竹有关诸科，如书画、雕塑、工艺美术，乃至诗词文艺。多思者，多多思考。此多实最重要，必时时多思，方能融会贯通，不枉多看、多刻、多学。题材选择，尤当多思。如刻历史人物，定为可泣可歌，激励人心之英雄豪杰，决不使奸恶淫邪污吾锋锷也。

述　例

前人之制，虽经寓目，惟过眼云烟，遂难踪迹。凡当日未摄影传拓，今又无印本可见者，《述例》概不收入。以拙颖不文，纵刻意描绘，亦难传其神貌，于读者无补也。晚期诸家之作，影印刊行者尤少，故所缺更多，设不搜求增补，将无以见竹刻嬗变之源流。海内公私藏家，如蒙以雕件相示，或以照片拓本见寄，则惠我多矣。

图1 唐雕人物花鸟纹尺八

日本正仓院所藏文物，为唐时由我国赍往者，其中有雕竹尺八一管，三节，遍体文饰，撅孔正面五，背面一。孔之四周及节之上下，均有图案花纹。管上分布仕女、树木、花草、禽蝶诸形象，纯是唐风，与同时期之金银器镂錾及石刻线雕，同一意趣。谛视其刻法，乃留青筠作物象，悉去其外以为地。物象之上，再施阴文浅雕，草草划成，全不经意，而生动有致。观夫此，愈信郭若虚所记唐人刻笔管为不虚矣。余所见竹雕实例以此为最早，亦可证留青之法，由来已久。惟竹器燥易裂而润易虫蠹，故传世者少耳。

图2 明朱松邻款松鹤笔筒

南京博物院藏
高17.7厘米

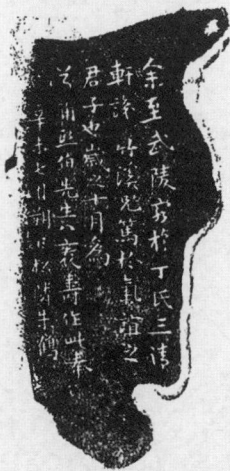

笔筒雕老松巨干一截，密布鳞皴瘿节，其旁又出一松，虬枝纷拿，围抱巨干，若附丽而生。松畔立双鹤，隔枝相对。款识阴文，刻于松皮卷脱露木处，盖专为题识而设者。行楷法晋唐人，凡五行："余至武陵，客于丁氏三清轩，识竹溪兄，笃于气谊之君子也。岁之十月，为尊甫熙伯先生八秩寿，作此奉祝，辛未七月朔日，松邻朱鹤。"刻松刀法，纯是明人。款识自然，后人所难仿拟。顾其立意构图，似不无可商榷处。笔筒既以松为主题，则巨干与其周匝松枝，自宜构成一体，不论如何蟠屈，皆应从主干生发而出。今所刻乃别作一小株，附着巨干，相形之下，大小比例悬殊，遂使松针与巨干之鳞皴瘿节，不相侔称。且巨干虽粗硬，于构图中只居背景衬托地位，大好篇幅，未尽其用。两鹤形象，古拙有余而矫健不足。竹叶三五，理路不明，既成点缀，便嫌蛇足。嘉定竹刻，虽自松邻创派，惟祖孙三传，后来居上，拙说已见《简史》。今取松邻此器，与三松屏风仕女笔筒相较，题材纵不相同，其疏拙与娴巧，仍判然易见。艺术发展，须经积累提炼之历程，竹刻曷能例外？兹举此二器，以资对照。惜朱氏遗制，传世已稀，多求证例，以实吾说，须俟来日耳。

图3 明朱小松归去来辞图笔筒

孤松斜偃，枝干苍古，渊明抚松身，展目远眺，神情闲适。两坡交处，一童杖荷琴酒，插菊花一枝，回顾而行，意欲前导。松右湖石玲珑，露几案一角，陈杯盏数事，案旁置坐墩茗炉。凡上景物，刀法简古而形态毕具，但尚属画图所应有。惟秋燕一双，颉颃上下，出人意想，信是神来之笔。似喻不为五斗米折腰，乃可徜徉天地间，深得诗人比兴之旨。款识题湖石上，"万历乙亥中秋，小松朱缨制"，行书精绝。此君自经镂刻，已阅四百寒暑矣。

高14.6厘米　径6.2厘米

图4 明朱三松窥柬图笔筒

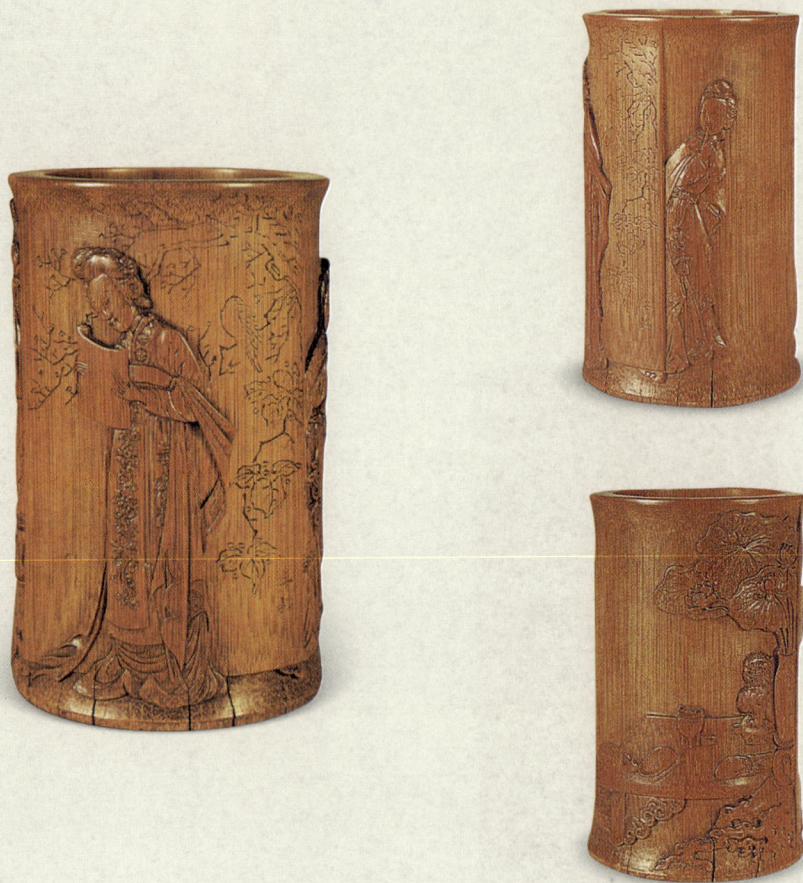

高13.5厘米

　　笔筒刻一高髻妇人，背屏风而立，双手持卷，正在展读。通景屏上，画梧桐秋老，枝叶披离，上栖山雀。右方又一女子，潜出屏后，蹀躞欲前，以指掩唇，回首斜睨，意欲窥视展卷之人，神情连属，生于顾盼之间。左方屏后见陈设数事，天然木几，上承哥窑瓶，插菡萏三五枝，方盛开。人物及陈设用高浮雕，眉目衣褶及屏上画图皆阴刻，或浅或深，衣带文饰又用极浅浮雕，一器而数法兼备。按三松此制，画稿亦有所本，崇祯十二年陈老莲为《正北西厢》所作插图《窥柬》是也。惟老莲之图，屏风四叠，分绘四景，作为背衬，转觉不及通景完整。且屏左已邻幅缘，更无余地可容陈设。

　　笔筒圆围较长，不得不有所铺陈。一经点缀，顿觉曲室深房，增其幽邃。署名"三松"两字，在屏风右下角，似是屏上题名。刻者款识，竟化入画图之中，亦见匠心。取老莲插图与此相较，足见三松善于撷取他人画本，而又益以新意。人我交融，真同水乳，精巧娴练，不愧名家也。

图5 明濮仲谦款山水臂搁　　　图6 明张希黄楼阁山水笔筒

高21厘米　宽7厘米

高13厘米　径8厘米

濮仲谦以浅刻名，所谓"以不事刀斧为奇，经其手略刮磨之，遂得重价"者。此山水臂搁，布局刀法，均于简率中见朴拙之致，故自耐人寻味。近景山石陂陀，茅屋三间。此后古木枒槎，枝干可数，盖为冬景。林外一山中起，两侧二三远峰而已。山石皴法，似披麻解索一派，而极简略，用阴文刻成。惟其整体刻法乃是极浅浮雕，而非传世所谓濮氏擅长之浅刻也。款楷书阴文"仲谦"二字，在右下角。左上程孟阳题："万个琅玕好结庐，箨龙抽尾上青虚。仙人曾授通灵剑，割取林丘入简书。崇祯十二年九月松圆老人嘉燧。"下"松圆"二字长圆印，均阴刻。

屋木界画，图绘难工，不意张希黄能以留青之法精镂之。笔筒高仅四寸，而物象壮丽。近景陂陀叠叠，垂柳毵毵。此后楼阁高耸，面俯平波，俨然宋画中之滕王阁黄鹤楼也。其建筑于台上设平座，起楼阁两层，屋顶为十字脊歇山式，重檐之下，四面槛窗，前后又各有卷棚式水殿，与楼阁相接。凡鸱吻，甍瓦，椽桷、斗栱、栏槛、窗棂，以及倚楼人物，迎风垂柳，均用青筠留作线条，镂刓其旁侧，深露竹肌，借色泽之差异，呈现犀利明快之笔划。至若陂陀山石，垂柳树身，又假青筠之多留少留，而使递生晕褪，色分深浅。盖视景物之不同，而变换其刀法也。题诗一绝："层叠楼台渺渺间，窗开四面碧波闲。月明应识吹箫处，时有仙人得往还。"款"张希黄"三字，均留青行书。印二："张印宗略"，"希黄"。

图7 明无款双螭纹香筒

高15.8厘米　径3.4厘米

此透雕之例，亦竹刻以图案花纹为题材之例。香筒两端，以香草纹为边，铲地阳文平雕，纹与地皆平。图案雕刻，大则木石，小则犀牙，每用此法。筒身镂两螭，昂首奋鬣，张吻吐舌，俯仰相向，身尾趿足，蜿蜒环转，布满全筒。其密镂发鬣，细若游丝，由始至终，萦行无碍，尤叹精绝。图案若此，乃以多种弧线组合而成，螭脊一线为主调，余则其谐音，盖借强弱回荡，深浅抑扬，以展示委婉流畅之美也。香草边多用于明代剔红，螭纹常见于明锦，论其时代风貌，当是明人精心之制。

图8 明无款山水人物扇骨

高49.7厘米　上宽2.7厘米

此浅刻之例，亦明代坊间竹刻之例，乃出于无名艺人之手。扇骨刻园林景色，两边大致相同，似为工匠常同画稿，可以随意损益者。堤岸堆太湖石，游人策杖其间，曲槛绕台，平桥相接，景物间断处，悉作浅水微波，最上为山峦云树。刻工不甚精细，而饶古趣。勾云之法，极似丁南羽。不论刀工画意，均非清人所有，与明代笔管雕刻有近似处，收之以备一格。

图9 清王若芳苏东坡岭南气候说笔筒（上）　图10 清吴鲁珍采梅图笔筒（下）

大字深刻，乃清前期风格。其文曰："苏子瞻曰：岭南风气不齐。吾尝云：菊花时乃重阳，凉天佳月即中秋，不须以日月为断也。今岁九月，残暑方退，既望之后，月出逾迟。予尝夜登合江楼，与客游丰湖，入栖霞禅寺，扣罗浮道院，登逍遥堂，逮晓乃归。杜子美云：'四更山吐月，残夜水明楼'，殆古今绝唱也。舜江王若芳录于一枝居。"按《竹人录》王永芳传："永芳字玉斧。自署舜江，居黄歇渡，工刊字，墨守苏文忠，清劲洒落。"今据此器，可证"永芳"为"若芳"之误。《竹人录》几经传抄，讹误难免也。

高12.5厘米　径6厘米

松林之下，跨驴一翁，袖手控辔而来，似闻得得之声。一童子肩荷梅枝，急趋相随。人物伛偻，皆有冲寒之意。其刻法为浅浮雕，即金坚斋所谓之薄地阳文，而层次自多。如松后之虚白为最远一层，后一松为第二层，前一松为第三层，压在松身上之松枝为第四层，而团簇之松针为第五层矣。又如人物与松林，均用同层竹肌刻成，其高度相等，但人物自觉其从松后行来。此则因松后有山坡，乃构图所予人层次之感。邻上松左右侧有数笔平拖，作为横云断霭，不仅右松为其所隔，又添一层次，左上角亦因有此云霭，画境得以展拓。试思此处倘一律剔成虚白，便顿觉索然无味。可知此数笔，不可等闲视之矣！

高10厘米

图11 清吴鲁珍牧马图笔筒

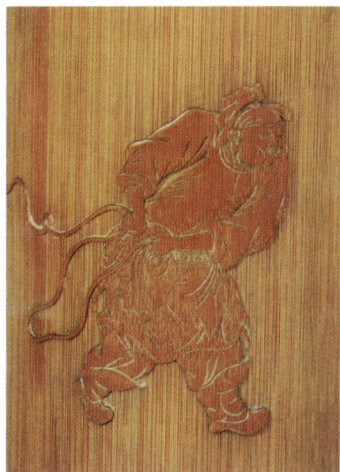

高15.5厘米　径7.5厘米

马仰卧，鬃鬣散地面，茎茎可数。睛目努张，掀鼻露齿，若闻其嘘气之声。前足拳局而左向，后足蹴空而转右，所状正骅骝背地、滚转腰躯之一刹那也。文艺不论诗文绘事，有千锤百炼，只集中刻划一事一物，余皆置诸不顾，或有亦草草及之而已，竹刻亦有此一格。笔筒背面虽有圉人，反居从属地位，以神采已荟萃于滚马矣。吴鲁珍最善用此法，殆所谓能有所舍弃，乃能有所摄取。亦惟因其大体平淡，愈见其局部浓郁也。

图12 清吴鲁珍牧牛图笔筒

高13.3厘米　径8厘米

　　笔筒半面无雕饰，半面刻一牧童，斗笠为风吹扬，遮起立牛背，奋臂前伸，欲攫捉而未能及。牧童鬓发衣衫，飘飘皆有风意。老牛鼻绳搭背上，昂首放蹄而前，是水草已饱，日夕将归时也。按此景原是宋人画本，而鲁珍移之竹上。惟图绘与雕刻，相通复相殊，谛视全牛之镌镂，诚是艺术再创作。诸如嘴角眼坳之皱褶，面侧隐现之颊颔，列如栉比之角棱，肩股脊背之肌骨，皆于微妙之起伏中见神采。至颏底腹下之毛，毡毡然以斜刃刮成。回拂之尾，又丝丝以立锋镂出。同一浅浮雕，叠见变换其刀法，雕刻之意趣，又非笔墨所能至，只知摹拟画本者，固无从措手也。款阴文"吴之璠"三字，隶书。下"鲁珍"阳文篆书一印。

图13 清吴鲁珍换鹅诗臂搁

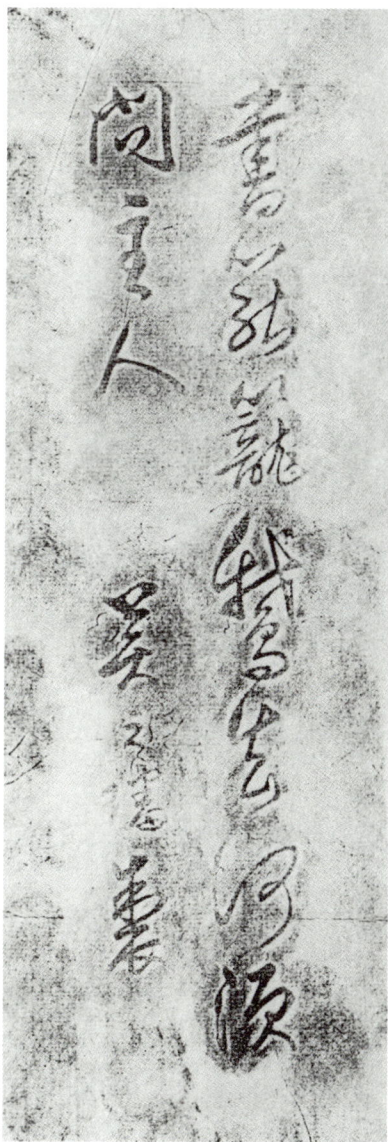

此清前期竹雕刻字之例。五言诗二句："书罢笼鹅去，何须问主人。"分两行，字大寸许，笔势遒劲流动，光彩照人，有玉润珠圆之妙。盖刻法用阳文浮雕，刀工精绝，尽泯锋锷之痕，又益以岁月，故莹朗若是。款"吴之璠制"四字，与诗句显出一手。取采梅、戏蟾等笔筒款字对较，用笔结体，无不相合。定吴刻真伪，数器款字，可资鉴别之助；而诗句行草，并是鲁珍所书，亦无可疑矣。鲁珍诚工书，但不以书名，殆为其刻竹所掩耳。

高23.5厘米

图14　清无款煮茗题诗笔筒

高12.8厘米

此高浮雕兼透雕之例。刻者假多穴之石壁，衬托人物树木。其上匝以云气，器尽而意不尽。刊凿既深，得肉乃厚，故人树已近圆雕。画景衔接处，阳文浮雕七言诗一联："林间煮茗烧红叶，石上题诗扫绿苔。"种种位置经营，皆苦思所得，非率尔操觚者所能有也。人物凡六：两叟并立，一握管，一袖手，在沉吟觅句中。右一童捧砚，左一童举帚扫石。树间一童踞炉前，挥扇煮茗，地布落叶。稍左一童，攀松而登，似猱缘木，嬉笑了无拘忌。笔筒所刻为文士雅集之事，不意着此游戏之笔，是刻者犹未失稚子之心也。树木四本，雕法各异。芭蕉一株，叶舒卷有致。审其风格，为清早期嘉定良工所作。

图15 竹雕老僧

图15 竹雕老僧

老僧席地而坐，年事已高。额顶眼坳，皱纹累累，齿脱唇瘪，而笑容可掬。胸前肋骨隐起，状写入微。身着禅衣，两肩略耸，袈裟一袭，挽左臂上，更以两手对持，有所操作。足御草履，编痕经纬，历历分明，使人念时当初冬或早春，日已卓午，老衲罢斋，偎倚寺廊一角，或山门阶砌，负暄之余，正补缀其袈裟破损处。故其作业若甚繁迫，而意致又至闲适也。像以竹根雕成，造形设势，绰裕自如，绝无受竹材约限之憾。袈裟草履，纹理密布，与光素之禅衣，形成对比，甚见匠心。而神情之摄取，欢喜憨朴，全无挂碍，不徒见于形表，且有内心之刻画，故在圆雕人像中，允称佳制。像底有"三松制"阴文款识，字迹疲弱，疑是后人妄刻。鉴家亦有持见不同者，以为款真可信，特传拓附印，以俟识者审定。愚以为作者虽难遽定，但论其艺术造诣，即封、施等家至精之作，亦未必能到也。

高17.8厘米

图16 清无款竹雕采药老人

刻竹小言

高13.5厘米

　　长髯一叟，束发岸帻，腰围兽皮，身就山石，半倚半踞，左手执芝，右手抚石，旁置篓篮，斜插竹枝桃实，瑶草琼葩。所写殆采药深山，所获已多，适逢佳境，乃驻足少憩之情景。

　　像上锐下广，身躯欹偏一侧，就竹根之形势，而定其姿态。山石悉用根盘雕出，留其斑节，以状魂礓多穴之貌，此皆善用竹材之证。篓篮兽皮，皆具文理，可悟所状物体，咸经刻者精心

择取，锋锷用武之地，每见于斯也。类此人物题材，世多称之为韩康。惟前古缅邈，与其谓是汉代衣冠，何若视作明人装束？设指此为李时珍采药像，孰曰不宜！

图17 清无款竹根蛙

宽5.7厘米　纵7厘米

余见竹根蟾蜍多矣，未有胜于此蛙者。其胜首在形似。顾静者刻画易，动者攫捉难。如只状其鼓腹蹲坐，纵克惟肖，未必惟妙。此其扭其躯而曳一足，股肌弹力内含，引而欲发，是正禾露瀼瀼，有虫飞坠，匍匐欲前时也。故其胜次在得其动。蛙背假竹根须瘿状其斑点，浓重醒目而未免夸饰，实与真蛙不似。惟缘夸饰，愈见背之嘘翕起伏。不似之似，其神似乎？！故其胜终在似而又不似。

图18 清无款竹根蟠松洗

此竹雕器物之例。剖竹根之半，刉刻成笔洗之形，背面松鳞密布，多假竹根斑痕刻成。松枝蟠屈，探入洗内，遂使此器浑不似竹，而若截取松瘿制成者。松针团簇，乃法北宗。刀工犀利，线条劲挺，当出清代早期名工之手，犹有明人遗意。

宽12.7厘米　纵8.7厘米

图19 清周芷岩溪山渔隐图笔筒

高8.5厘米

笔筒阴文深刻。近景坡岸数叠，上有丫杈枯木，落落长松。蒹葭之外，泊一渔舟，对岸石壁峭立，中夹悬瀑。飞鸟横空，似从蒹葭中惊起者。皴法在披麻解索之间，纯是南宗，刀痕快利，一若未经镌琢，只是一剜而就，全不费力，有苍老浑成之趣，前人谓芷岩用刀如用笔，所指正此种刻法也。“溪（谿）山渔隐”隶书四字，刻在石壁无皴处。款一行，“庚戌仲秋晋瞻笔”。盖作于雍正八年，芷岩时年四十有六。

| 图20 清尚勋溪船纳凉图笔筒 | 图21 清无款翠竹络纬笔筒 |

广州市文物管理委员会藏
高10.3厘米　径5.5厘米

高20厘米

崖树俯溪，船泊其下。船头长髯一叟，袒腹持扇，臂欹圆墩，侧身而卧。篷窗洞敞，童子倚舷，似已入寐。画境若宋元人小景，刻法全用留青。其雕人物则鬓眉楚楚，神情恬逸，状织物则衣裾轻蔽，帏幔柔垂。镂船篷圆墩则体质坚韧，分明是竹是藤。刓山崖则危悬欲坠，崒嶂不平。剔树身则皴皮缠卷，苍古年深。镂树盖则夹叶攒簇，参差成荫。镌近草则菰蒲丛苗，习习摇风。写溪水则波纹曳动，湍急回旋。作远岸则陂痕一抹，淡入虚无。刻者悉凭竹筠竹肌色泽之殊，用深浅对比、阴阳相生之法，以写物象，而心拟刀随，竟使各尽其态，其难能实在此。若言雕法，分色层次之多，似不及张希黄，而状物之娴巧精能，则有过之而无不及。器有尚勋款，其事略待考，或定为明人。论其时代风格，自在张希黄后。可见刻竹家艺高而名晦者，代有其人也。

此以高浮雕作花卉草虫之例，据其刀法，当是清代早期之制。笔筒镌成巨竹一段，枝叶自节间生发，枝则由粗而细，遂节歧分，直至梢尖雀爪。叶则或向或背，或疏或密，组合分明。枝叶之间，生长连属，谨严有法，俨然李息齐双钩竹画本，面前后之重叠隐现，层次浅深，又非写生无从着力。叶间雕一络纬，趯趯欲活。仿佛夜露方滋，月光如水，传来络丝声也。

图22 清潘老桐铭臂搁

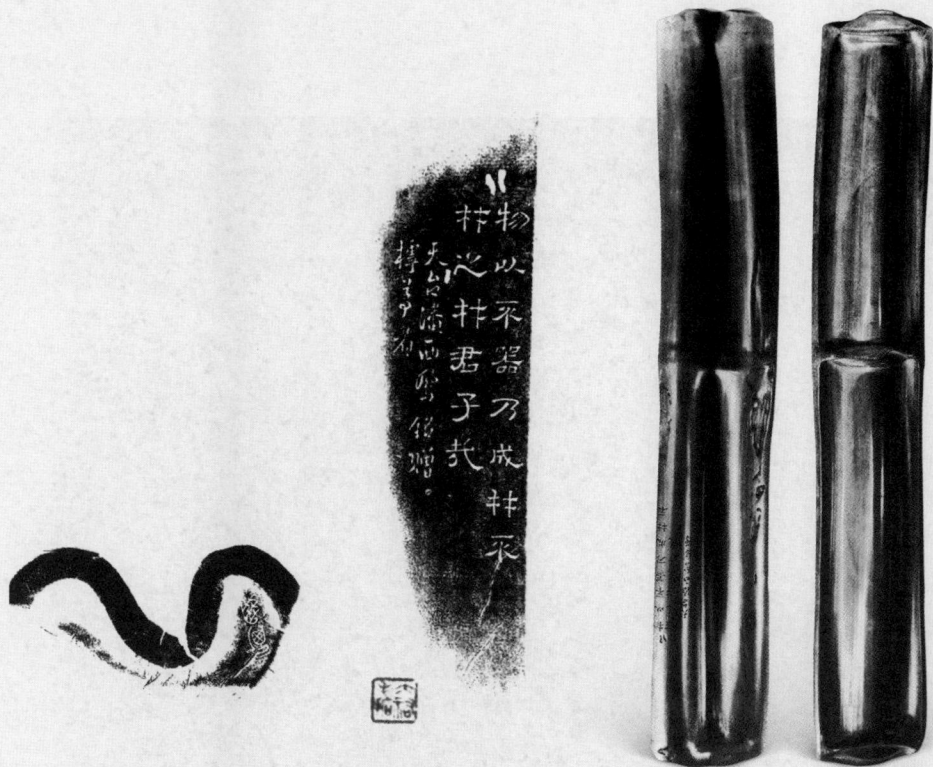

高41厘米　宽6.5厘米

　　臂搁右上侧阴刻隶书铭文两行："物以不器乃成材，不材之材君子哉！"题记行书两行："天台潘西凤铭赠樗尊者。"下端竹节横膈上，阴文篆书"西凤"两字款。铭文上下及臂搁左侧，有虫啮瘢痕。周缘或迂或直，低陷或浅或深，浑然泯滑，不碍抚摸。乃就生成伤蚀，略经刉剔磨拭而

成，有云水无心、自然成文之妙。此竹原夹生石隙中，迫使拗卷，故剖成臂搁，其面窳然中凹，背又卓然隆起，横膈每节皆翻卷，质若脂腴，全不是竹。两百余年，久经摩挲，已使面色紫而背深黄，遍体莹澈，圆熟可爱。竹既畸生，虽制成臂搁，仍难稳置，实为弃材，而可得之爨下者。惟经良

工拾得，稍事修饰，遂成案头长物。所谓濮仲谦治竹，"略刮磨之即巧夺天工"，于斯可见其仿佛。世目老桐为金陵派，郑板桥推为濮阳仲谦以后一人，信有所征，不仅以其流寓江都也。铭文由不材立意，故樗尊者并非上款，乃赠君之称号，谓如樗栎之材，不中绳墨耳。老桐殆制以自娱。

47

图23 清邓云樵兰亭序笔筒

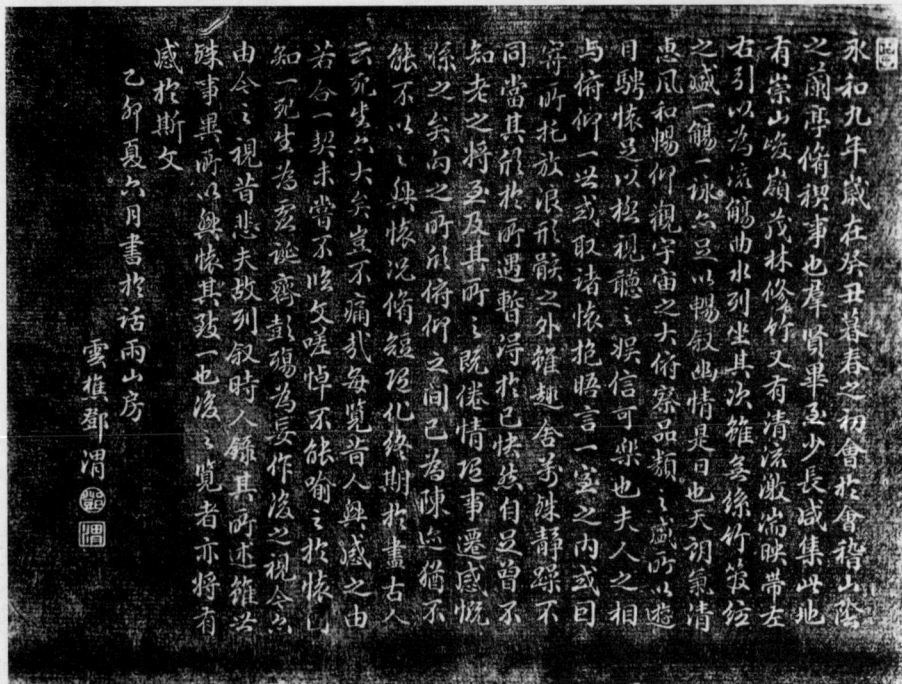

高11厘米 径5厘米

邓渭，字得璜，号云樵，邓嘉孚之侄，邓士杰之子，一门皆工竹刻。《竹人录》称其善镌印章笔筒秘阁，行草得羊欣法度。张叔未以为"乾隆朝嘉定竹器刻字，以邓渭为最"。此刻《兰亭序》，款作"乙卯夏六月书于话雨山房"，乃自书自刻者。字小若豆，而精到若是，允称能品。此乙卯乃乾隆六十年，嘉道以后，刻字以细小整饬为工，云樵已开其端矣。

图24 清方治庵墨林先生小影扇骨

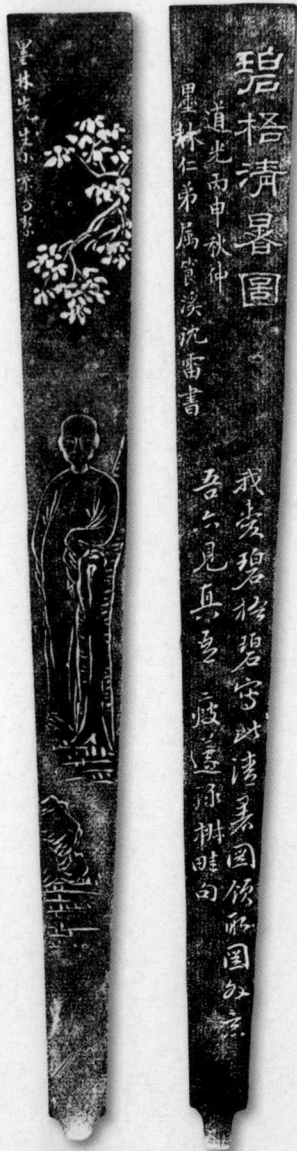

方絜以擅刻小影称著。此像面如瓜子大,而眉目清朗,须髯楚楚,癯然一叟,似曾相识,足见名传不虚。一面书者为沈雷,嘉兴人,工隶书篆刻。扇骨当为治庵寄居禾中时所作。

高30厘米　宽2.4厘米

述例续编

四舅父西厓先生所撰《刻竹小言》，远道寄付，嘱为编次缮正。襄谨受命，略加整理，析为《简史》、《备材》、《工具》、《做法》、《述例》五篇。虽有所增补，亦得诸吾舅往日之所述。幼年立几案旁，观诸舅父作画刻竹，情景犹历历在目也。原稿《述例》，至清人所刻而止。

私以为《可读庐刻竹拓本》、《西厓刻竹》两书中，佳制尚多，叙其镌刻经过，以告读者，定有裨益。惟吾舅谦挹殊甚，屡请而不获许，于是襄乃试为之，赘于卷末，聊供观览云尔。

—— 畅安王世襄记于俪松居

图1 东溪先生刻古木寒鸦垂枝竹扇骨

竹刻画稿，可繁可简。此留青扇骨，可谓简而又简之例。古木略师宋元人笔意而汰其细枝，长空仅归鸦数点而已。新篁有雨态，乃截取竹枝之垂梢，笔简而意足，所谓以少许胜多许者。西厓先生曾谓如此画本，只宜光地，不使糙地害其简洁耳。款识前者"东溪刻"三字，后者"癸亥三月北楼画"七字，均留青行书。

图2 东溪先生刻梧竹行吟图臂搁

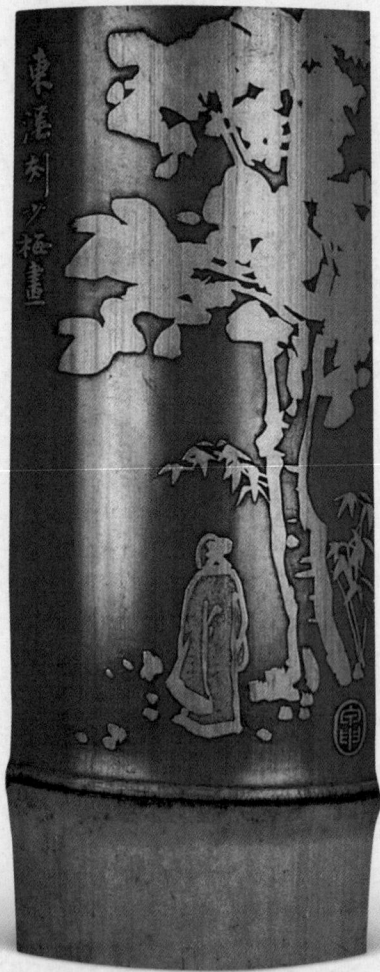

高21厘米　宽8厘米

梧桐以大笔点叶，叶片分又不分，浑而不浑，淋漓之墨韵犹存。修竹数竿，则枝叶楚楚，备极便娟，人物全部留青，但轮廓之内，薄薄剔去一层，刻法遂见变化。倘亦刓露竹肌，如梧桐树本刻法，不独无以状人物之袍服，且有重复之憾。臂搁以竹节为界，上施雕镂，而下留竹筎，任其光素，亦是对比手法。款"东溪刻、少梅画"六字。少梅陈云彰为北楼先生入室弟子，年最少而邃于画学，山水小景，直逼宋人。观此画稿，足见亦深知竹刻之道也。

图3 西厓先生刻葫芦葡萄扇骨

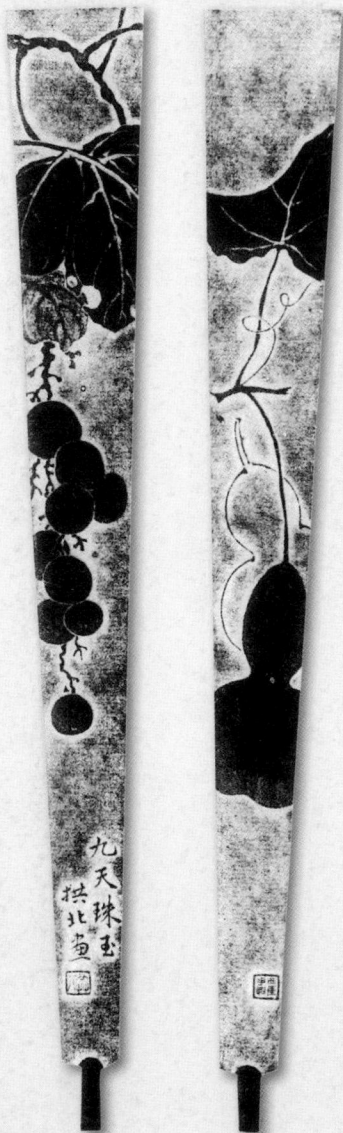

一面画葫芦两实，前后交叠。在前者画时以墨笔涂出，刻后整体作留青。在后者画时用墨笔双钩，刻成只见留青轮廓。画法不同，遂使层次分明，且生变化。叶仅一片，筋文阴刻，一须两绕而过，寓劲挺于柔婉之中。画稿有此笔力，而刀工足以副之。一叶两实，无一具全形，而意足神完，于此可悟画外有画之法。阳文一印，"西厓手刻"四字。一面画葡萄一串，仅九颗，叶大小两片。大者叶筋为阴刻，小者刮去青筠些许，隐起阳文叶筋。倘见诸画本，大者为绿叶，而小者乃枯黄也。枝藤及串络刻痕有篆隶意趣。款行书，"九天珠玉，拱北画"七字。印阳文"拱北"。

图4 西厓先生刻山石人物树雀扇骨

一面阴刻人物，背手缓步，向山石行去。石势嶒嶙，皱而多皴，乃下刓竹肌，使石面高起。其法为薄地阳文。画本经营，以平滑之人物，压皴皱之山石，又以皴皱之山石，压平面之遥天。尤以最近处之苔点，将全景推远一层，着力无多，而成效甚著。最下阴文一印，"西厓刻竹"四字。此印方位乃点苔时特为留出者，以全幅更无他处可置一印。画上用印，须顾及画幅整体，竹刻局促，更不得不尔。一面一枝斜下，上立山雀，均是阴刻，雀毛蒙茸之感，乃用毛雕得之。枝叶则用一般阴文，款阴文"北楼画、西厓刻"六字。

54

图5 西厓先生摹刻古泉币扇骨

扇骨上端，刻褚礼堂密行细楷题字："昔人摹刻古泉币文，往往摹其一面，不及其幂，无由见形制之全。今西厓摹刻古泉币六品，既摹其面文，复将其幂文摹刻，阴阳正反，毫发不爽，极雕镂之能事。可以证易理，悟文心，竹人绝技，艺也进乎道矣。辛未岁夏四月，松窗记"。盖题于刻成之后，又经补刻者。西厓先生谓摹刻泉币两面于一扇，宜有程序，谨记之于后。泉币刀布须先制拓本，每品皆取其两面。此事宜自任之，因经一番传拓，形制文字，乃至锈斑损蚀，便多一番谂识。若但凭人家拓片，未见原物，终隔一层。次为经营布局。扇骨狭长，拓本不克尽容，且相互重叠，何隐何现，始见精神，亦费斟酌。其疏密开合，正如作画，虽非生物，亦有气息贯串其间。切记填满或铺匀，窒塞涣散，皆由此生。构图时不妨多取拓片数纸，更迭试换，以期妥帖。或取纸板，剔挖空框如扇骨之形，覆压拓片上，于移动中裁夺取舍，亦有小助。上下两股，须同时定稿，正文、幂文宜大体分匀，勿使一多一少，轻重失调。布局既成，拓片粘着固定，然后以颖拓之法，摹移骨上。墨稿有未惬意处，当存念中，待刻时改正。其锈蚀等纤屑之处，必难如实，

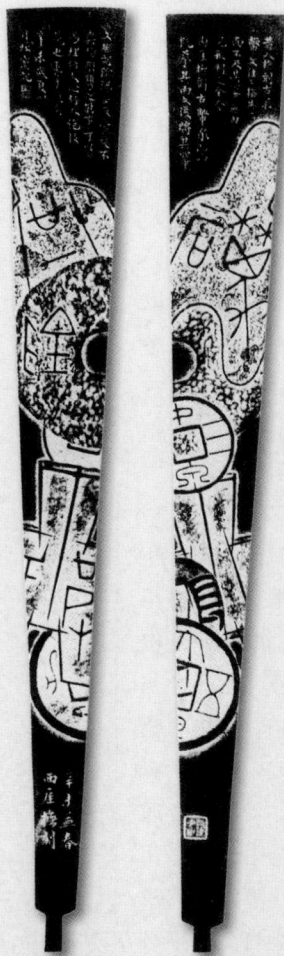

但求得其大略，刻时仍须置拓片于旁，随时临摹，方能逼真。如有原物在手边，可以对照则更佳。前人刻金石，或将拓片径贴竹上，作为底稿。此亦只能用以定轮廓位置，待刻细部时，拓片每破碎脱落，不足为

据矣。最后为制地。摹古金石，可作留青，亦可作薄地阳文，均以光地为佳。以糙地不论粗细，总易与锈斑混扰。至于摹刻甲骨书契，因是平面阴刻，自不妨用糙地。

图6 西厓先生刻紫藤佛手柑臂搁

西厓先生曾持此臂搁授襄曰，一器采用薄地阳文、深刻、浅刻三法，故刻时宜分先后，佛手柑为薄地阳文，铲竹面而使微高，应最先着刀。柑本身亦有高低层次。如后指低于前指，柑心低于他处。柑皮纹点，与刻糙地不同，大小相同，圆而不圆，匀而不匀，必熟视真柑乃得其仿佛。其次以深刻法作枝叶，顿挫回转，悉求见笔。再次刻紫藤。叶片为浅刻，中留叶筋。花朵于深刻中见起伏，所谓阴中有阳也。北楼先生作此图，乃用写折枝花法。两物不相属，借其相互交搭，构成画本。佛手柑与紫藤花是一大交搭。柑与柑枝，紫藤枝与柑枝，紫藤叶与紫藤叶，皆小交搭。交搭有疏有密，其势或分或合，又觉有气回荡整幅之间，使脉络皆通宣舒活。其理法与书道结体相通。刻者如兼谙绘事，知其章法布局，则可自画自刻，不必有求于画师矣。

紫蕤藤花细黄柑佛手香维摩诊病起
清供对禅床 癸亥二月南崖刻北楼画并题

图7 西厓先生刻饯春图臂搁

饯春圖
甲子上巳北楼畫西厓刻

此写江南四月景物，画稿亦北楼先生所作。西厓先生谓当时刻此臂搁，并非竹上着墨处，刻成便是留青处。如樱桃及竹篮提梁，均用墨笔画出，刻时作留青。但竹篮圈口，画稿只用墨线划出其上下边缘及扎痕数道。篮身用墨笔界成方格，每格斜剔数笔以状篾纹。以上皆阴刻其见笔处，而转以无笔墨处作为留青。春笋亦然，除箨尖用笔捻出并刻成留青外，箨上条纹斑点及根节根须亦用笔画，但皆刻成阴文，其未着墨处则作为留青。故刻成后所见之留青，于画稿则或是墨痕，或是空白。总之，在画稿之时，如何便于落笔，便如何画。至于刻时应如何刻，则当以画时之构思立意为准耳。

图8 西厓先生刻沈寐叟书杜诗臂搁

寐叟先生以史学词翰名，而书法融会章草于晋唐行楷之中，风神卓绝，晚清书家，当推独步。老年手颤，更入化境。貌若颓然自放，实则字字精敛神完，奇趣横溢。其率易无羁处，真不可到。此所书杜工部《江亭》诗，西厓先生以深刻法镌之，得其神韵。

图9 西厓先生刻玉米臂搁

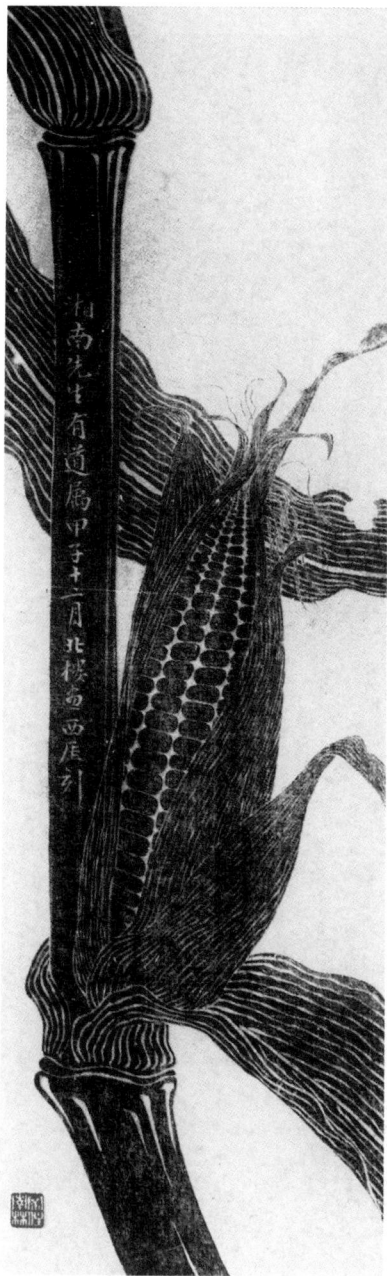

玉米茎叶壮苗，颗粒如珠，乃丰稔之景，谛视细部，叶筋虽平行，略具颤笔意趣，遂有飐飐迎风之势。玉米须细若游丝，尤以下垂者，为使与叶分清，以两白线界出，刻画入微。画手雕工，可谓两臻绝妙。人谓北楼先生画山水、人物、花鸟无所不能。写生花卉于平易中见神采，独具一家面目，盖法虽渊源宋人，乃得自生物观察为多。所状皆随处可见，故平易；又能汰其繁冗，摄其精粹，此神采之所以至也。款识一行，题在玉米茎上。试思倘写在臂搁左侧或右上侧，不仅分占画面空间，且须用留青法镌刻，费力而无功。可悟题款部位，实大有讲究也。

图10 西厓先生刻水仙臂搁

水仙用深刻之法镌之，刻痕中并无平地，而处处有阴阳高下。花瓣之凹凸，借此而呈起伏。叶片之向背，借此而见转侧。球茎之筋棱，借此而生皱褶。其最关紧要者，乃在交互重叠处，必须交代清楚。西厓先生谓未下刀时应想好前一层如何刻，后一层如何让。画本繁复时，有多至若干层者。亦有原在前而转后，原在后而转前，乃至几次穿插者。先求心中条理井然，再求有适合之刀法以表达之，刻成自然耐看。阴文深刻与薄地阳文、高浅浮雕，其法实相通。浮雕等乃先铲剔物象四周，使其高出而再施阴刻。深刻乃刌剔物象使其下陷，而再分凹凸。故阴刻中又有阳文。其分层次、明前后之法，与浮雕等亦无二致。同一画本，设能以不同之刻法刻之，于熟习运刀之法，大有裨益。即使不刻，而只经一番思索，想拟以多种刻法刻之，亦能有所领悟。惟终当以操刀实习为主耳。

图11 西厓先生刻秋菌图笔筒

明清人琢砚，每以秋菌为文饰，此略取其意。石根土坡及秋菌均阳文留青，上施阴刻，以核桃纹糙地填其间隙。菌盖皆外向，阳光迎面照入，仿佛此外别有洞天，遂使小景而有深度。土坡苔点，压在糙地上者为留青，在坡上者则阴刻其周匝以醒出之。最下一排，乃竹根须茎，尤自然有致。天生竹材，亦可使入画图，此是一例。款"拱北画、西厓刻"六字。

图12 西厓先生刻梅窗图笔筒

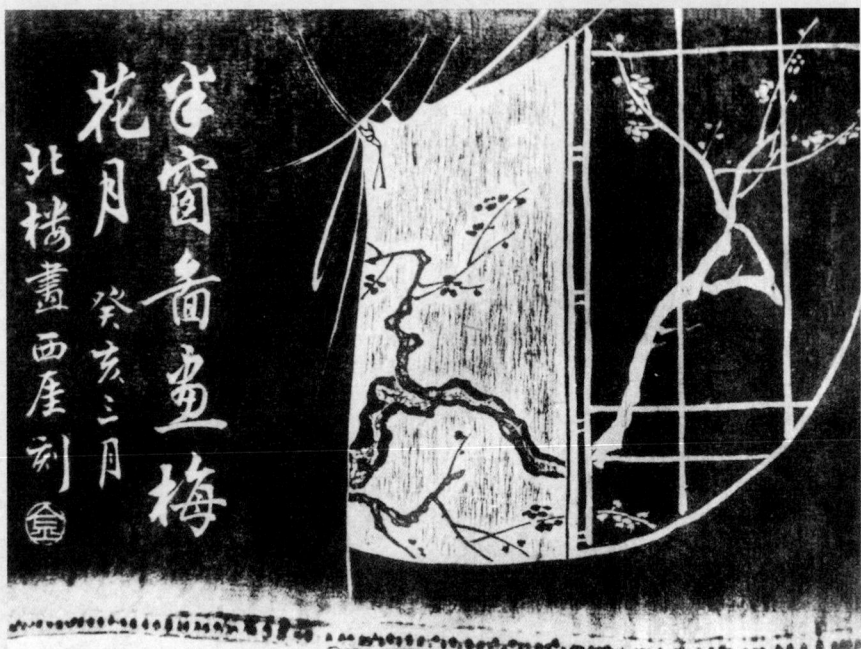

刻竹小言

帏下圆窗，半扃半启，窗外庭梅初绽。梅树隔窗可见者，刻阳文留青，间以裳衣地。梅枝映影于窗者，在青筠上作阴刻。前者干上皴节俱备，后者不复画出。以一露真形，一仅花影耳。题识深刻"半窗图画梅花月。癸亥三月，北楼画、西厓刻"十七字。画稿殊简略，而刻法有变化，且使人深信由于形影之异而不得不变化。刻法若徒为变化而变化，亦不足取，未免搔首弄姿，有做作态也。

竹刻小识

竹刻简史

我国在远古时期即用竹制造生产和生活用具。出于爱美的天性，在竹制品上施加装饰，与雕花的玉、石、骨、木器原无差异。故于原始社会遗址中，倘发现有雕饰的竹器，不足为奇。惟竹材易坏，很难保存至今。现知较早有高度文饰的实物是长沙马王堆一号西汉墓出土的彩漆竹勺。勺柄以龙纹及编辫纹为饰，并用浮雕、透雕两种技法。它年远而制精，是一件珍贵的竹刻。

唐代竹刻，宋郭若虚《图画见闻志》记载颇详：王倚家藏竹笔管，"刻《从军行》一铺，人马毛发，亭台远水，无不精绝。每一事刻《从军行》诗两句。……其画迹若粉描，向明方可辨之"❶。郭氏描绘入神，吾人却信而不疑，因为有现藏日本正仓院的唐尺八可证。尺八用留青法浅雕仕女、树木、花草、禽蝶诸物象，纯是唐风，与当时之金银器镂錾及石刻线雕同一意趣。所谓"留青"，即保留竹之表皮为花纹，刮去花纹以外之表皮，露出淡黄色竹肌作地。竹材干后始能奏刀，此时表皮已由青转白。所谓"迹若粉描"，与留青之花纹正合。刻后不须一两载，表皮即呈

淡黄色，但此后变化不大。竹肌则由淡黄而深黄，由深黄而红紫，故皮、肌色泽之差异，越久越显著，花纹亦日益清晰。千百年来，留青为竹刻之重要技法之一。

宋代竹刻家有詹成，见陶宗仪《辍耕录》。成高宗时人，所造鸟笼"四面花板，皆于竹片上刻成宫室、人物、山水、花木、禽鸟，纤悉俱备，其细若缕，且玲珑活动"❷。西夏实物有宁夏陵墓中出土的竹雕残片❸，浮雕人物，阴刻图案，制作亦精。其为当地所刻，抑为南方传来，尚待考证。

我国竹刻虽历史悠久，惟发展成为一种专门艺术则在明中期以后。其始仅少数文化水平较高的艺术家致力于此。随后或父子相传，或师徒授受，或私自仿效，习之者众，遂形成专业。清人金元钰著《竹人录》推为开派的竹刻家为嘉定的朱松邻（鹤），金陵的濮仲谦（澄）❹。据文献记载，二家并不专事刻竹，而兼用犀角、象牙、紫檀等雕制器物。可知竹刻与犀、牙等刻件，往往出于一人之手。不过在此之后，竹刻之所以能发展成为专门艺术，其主要原因乃在竹材价

❶ 郭若虚：《图画见闻志》卷五《卢氏宅》条，《学津讨原》本。

❷ 陶宗仪：《辍耕录》卷五《雕刻精绝》条，光绪乙酉重刊本。

❸ 宁夏回族自治区博物馆：《西夏八号陵发掘简报》，《文物》1978年第8期。

❹ 金元钰：《竹人录》凡例，1938年秦氏排印本。

贱易得，可供人大量采用。倘竹材为稀世之珍，又安能有多人从事此种雕刻，并有大量作品传世？另一方面，正因竹材价贱易得，故刻者必须殚精竭智，创造多种技法，博采各种题材，度形制器，状态写神，发挥竹材的特点，攀登这一艺术的高峰。只有如此，始能与十分珍贵的犀、牙、紫檀等刻件，一争短长。此又促使竹刻家必须创造出艺术价值高于一般工艺品的作品。不言而喻，数百年来倘竹刻家未能创造出质优而量多的作品，那么竹刻也就不足称为我国特有的一种专门艺术了。

竹刻艺术的发展，大致可分为明、清前期和清后期三个阶段。

明代竹刻名家自朱鹤始。鹤号松邻，字子鸣。世本新安，自宋高宗建炎（公元1127—1130年）移居华亭，又六世而东徙，遂为嘉定人。他工行草图绘，深于篆学印章，所制有笔筒、香筒、杯、罂诸器，而尤以簪钗等首饰重于时。王鸣盛《练川杂咏》有"玉人云鬓堆鸦处，斜插朱松邻一枝"[5]之句。据此可知松邻兼雕犀、牙。荆钗竹簪，古虽有之，但妇人奁中饰物，自以犀牙等贵重物品为主。

松邻年远，作品流传绝少，传世刻有款字者，率皆赝品。现存可视为真迹的是南京博物院所藏笔筒。刻法用高浮雕，老松巨干一截，密布鳞皴瘿节。其旁又有一松，虬枝纷拿，围抱巨干。松畔立双鹤，隔枝相对。背面刻竹枝、梅花。据题识乃为祝寿而作。论其整体设计，并不完全成功。巨大松干与围抱之松枝，不类同根生成。仙鹤形象，古拙有余，矫健不足。梅竹亦稍嫌繁琐，似过分渲染寿意，以致影响构图之精练。

如取松邻之子（小松）或孙（三松）的作品相比，未免逊色。不过吾人不得据此作为否定笔筒为真迹的依据。因为松邻开山创派，质拙浑朴，自在意中。子孙继武，后来居上。故陆扶照《南村随笔》称："嘉城竹刻，自正、嘉间高人朱松邻创为之，继者其子小松缨，至其孙三松稚征而技臻绝妙。"[6]盖艺术之发展，有积累、提炼和创新之历程。家学三传，遂超祖而越父。

朱缨字清甫，号小松，擅小篆及行草，于绘事造诣更深，长卷小幅，各有异趣。金元钰称其仿古诸名家，"山川云树，纡曲盘折，尽属化工。刻竹木为古仙佛像，鉴者比于吴道子所绘"[7]。清初人有咏小松所制竹根文具诗，中曰："藤树舞鳞鬣，仙鬼凸目睛。故作貌丑劣，虾蟆腹彭亨。以此试奇诡，精神若怒生。琐细一切物，其势皆飞鸣。"[8]凡所雕琢，形象生动活泼，概可想见。毛祥麟谓小松"能世父业，深得巧思，务求精诣，故其技益臻妙绝"[9]，实有出蓝之誉。小松为人高傲耿介，娄坚有《先友朱清甫先生传》，载《学古绪言》中，以为"世或重其雕镂，几欲一切抹杀则过矣"[10]，盖小松品质高洁，书画皆工，不仅竹刻一艺，超迈前辈。

小松传世之作有渊明归去来辞图笔筒，刻于万历乙亥（公元1575年）。其代表作则为上海博物馆藏的刘阮入天台香筒，于直径仅三点七厘米的竹管上，将神仙洞府，远隔尘寰之境界，刘、阮与仙女对弈之神情，刻画得尽美尽善，使人叹为观止。

朱稚征，号三松，小松次子。《南村随笔》称其"善画远山淡石，丛竹枯

[5] 王鸣盛：《练川杂咏》，1920 年排印本。

[6] 陆廷灿：《南村随笔》卷六，清刊本。

[7] 金元钰：《竹人录》卷上《朱缨》条，1938 年秦氏排印本。

[8] 金元钰：《竹人录》卷下。

[9] 毛祥麟：《对山书屋墨余录》，清刊本。

[10] 娄坚：《学古绪言》卷四，《嘉定四先生集》本。

木，尤喜画驴。雕刻刀不苟下，兴至始为之，一器常历岁月乃成"[1]。传世精品有清宫旧藏、现在台北之窥简图笔筒及荷叶水盛。前者刻一高髻妇人，背屏风而立，双手持卷，正在展读。右方一女子，潜出屏后，踥蹀欲前，以指掩唇，回首斜睇，意欲窥视展卷之人，彼呼此应，神情连属，生于顾盼之间。所写乃《西厢记》故事。后者就竹根雕成荷叶状洗，虫蚀之叶边，半残之花朵，郭索之小蟹，无不状写入微，饶有生趣。故宫博物院藏寒山拾得像，似全不费力，将二僧天真憨稚之神态，毕现于刀锷之下，亦堪称杰作。

自朱氏三世之后，嘉定学竹刻者愈众，并以之为专业。故赵昕《竹笔尊赋》序谓"疁城以竹刻名……镂法原本朱三松氏。朱去今未百年，争相摹拟，资给衣馔，遂与物产并著"[2]。传世之作如竹雕卧狮洗、透雕钟馗挑耳图笔筒、竹雕渔家婴戏等，虽无款识，制器运刀，颇具朱氏风格。将其定为嘉定竹人受三朱影响之作，似无大误。

濮仲谦，名澄，复姓濮阳，单称濮，仲谦乃其字，生于万历十年壬午（公元1582年）。钱牧斋《有学集》有《赠濮老仲谦诗》，作于顺治戊子、己丑间（公元1648—1649年）[3]，故知其卒年已入清。《太平府志》称仲谦所制"一切犀玉髹竹皿器，经其手即古雅可爱，一簪一盂，视为至宝"[4]。张岱与仲谦相交甚深，所著《陶庵梦忆》谓仲谦貌若无能，"而巧夺天工焉。其竹器一帚一刷，竹寸耳，勾勒数刀，价以两计。然其所以自喜者，又必用竹之盘根错节，以不事刀斧为奇，经其手略刮磨之而遂得重价"[5]。可知仲谦治竹

不耐精雕细琢，只就其天然形态，稍加凿磨，即已成器，大有"文章本天成，妙手偶得之"之趣。其审美观念及创作方法直可上拟西汉霍去病墓石刻。时代相去缅远，器物大小悬殊，但脉理实相通。仲谦风格，与嘉定三朱大异，人或称之为金陵派创始者。

仲谦因声名甚著，故赝品特多。传世之作，刀法神妙，且与前人言论完全吻合者，尚难举出实例。故宫博物院所藏松树形竹根壶，柄下有"仲谦"楷书款，确为竹雕精品。惟鉴家或以为刀法深而繁，与濮氏风格不侔，而竟与朱氏差近。或以为濮氏未必无此刀法，前人失记，遂滋疑义。今并记之，以俟续考。

仲谦之后，率意操刀而自然成器者，实罕其人。百余年后，始有扬州潘西凤，偶或近似。此与三朱之后，竞相师法，由门户而扩为宗派大异。故严格而论，所谓金陵派是否存在，大可商榷。

明代竹人，专刻留青者为张宗略。张氏，字希黄，以字行。其确切年代及里籍均不详，或谓江阴人。唐代留青，竹皮留去分明，故纹与地，截然两色。希黄则借皮层之全留、多留、少留，以求深浅浓淡之变化，故绚烂成晕，如水墨之分五色，实为留青技法之一大发展。希黄代表作有昔为英人大维德所藏今归美国波士顿美术馆之楼阁山水笔筒。其高仅四寸，而楼阁壮丽，气象万千。上海博物馆藏有山水笔筒，层楼高耸，山如列屏，亦是希黄精心之作。

综上所述，可知明代刀工，大体有三：以深刻作高浮雕或圆雕之朱氏刻法；以浅刻或略施刀凿即可成器之濮氏

---

[1] 郭若虚：《图画见闻志》卷五《卢氏宅》条，《学津讨原》本。

[2] 金元钰：《竹人录》卷下。

[3] 邓之诚：《骨董琐记全篇》卷五，排印本。

[4] 据李放：《中国艺术家徵略》卷二引文引。

[5] 张岱：《陶庵梦忆》卷一《濮仲谦雕刻》条，《粤雅堂丛书》本。

刻法；以留青为阳纹花纹之张氏刻法。取材初则犀、牙、竹、木，无所不施。嗣后习之者众，遂成专业；犀牙等珍贵物料，日渐被竹材所取代。

自清初至乾隆为清前期（公元1644—1795年）。在这一百五十年间，竹刻大家在技法上有创新，影响又较著者有吴之璠、封锡禄、周颢、潘西凤四人。

吴之璠，字鲁珍，号东海道人，是三松之后的嘉定第一高手，刻竹年款多在康熙前叶。金元钰称"今流传人物花鸟笔筒及行草秘阁，秀媚遒劲，为识者所珍"❻。褚德彝《竹刻脞语》记吴氏之作，仅见相马图笔筒及杨柳仕女臂搁❼。实则传世之作尚多，有二乔图、松荫迎鸿、东山报捷、松溪浴马、荷杖僧等笔筒五件，其中前三件为真品无疑。此外可信为真迹的尚有牧马图、牧牛图、采梅图、人骑图、老子骑牛图、戏蟾图、张仙像等笔筒七件及换鹅诗臂搁一件。去今三百余载，据不完全统计已有十数器。可见吴之璠是一位勤奋精进的竹刻家。

之璠擅长多种刻法，除立体圆雕外，更善浮雕。浮雕又有两种，一用深刻作高浮雕，师朱氏法，深浅多层，高凸处接近圆雕，低陷处或用透雕，实例如东山报捷黄杨笔筒及二乔图笔筒。一种是浅浮雕，乃吴氏自出新意，为前人所未备。如松荫迎鸿、牧马图、牧牛图、采梅图等几件笔筒皆是。正以其别具面目，故论者多道及之。如陆扶照谓之璠"另刻一种，精细得神"❽。金元钰称吴氏"所制薄地阳文，最为工绝"❾。褚德彝则以为之璠所刻，可

拟龙门石刻中之浅雕。其中尤以"薄地阳文"一名，成为之璠浅浮雕刻法的术语，为竹刻艺术增添一专门词汇。吴氏此法突起虽不高，但游刃其间，绰有余裕。他善于在纸发之际，丝忽之间，见微妙之起伏。照映闪耀，有油光泛水，难于迹象之感。其妙可于松荫迎鸿、牧马图、牧牛图等刻件上见之。凡画面传神之部位，吴氏只用坚实而润泽之表层肌肤，越过此层，竹材便松糙晦涩，不堪使用。又因他明画法，工构图，善用景物之遮掩压叠，分远近，生层次，故能在浅浮雕之有限高度上，有透视之深度。此亦可于采梅图及松荫迎鸿笔筒中见之。其常用之另一手法为萃集精力，刻画只占全器某一局部之一事一物，此外则刮及竹理，任其光素；倘有雕刻，只不过略加勾勒，或留待刻字题诗。如此则宾主分，虚实明，朴质无华之素地与肌肤润泽上有精镂细琢之文图形成对比，相映生色。二乔图、松荫迎鸿以及牧牛图、戏蟾图、采梅图等笔筒均用此法。此与明代三朱等家所刻香筒、笔筒，器身周匝布满景物者又大异。

之璠造诣甚高，创新既多，影响亦巨。受其嫡传并载入《竹人录》者有朱文友、王之羽等人。卷中无款松下饲马图及"酉仙"款醉仙图笔筒，所用皆吴氏薄地阳文刻法。类此作品，传世不少。故谓继往，之璠自然是嘉定派之佼佼者；若说开来，则在康、雍之际(公元1662—1735年)也曾形成一个以吴之璠为首的竹刻流派。

嘉定名工，与吴之璠同时而略晚者为封锡禄。封氏一门皆刻竹，锡爵字晋侯，锡禄字义侯，锡璋字汉侯，兄弟

❻ 金元钰：《竹人录》卷上《吴之璠 朱文友》条。

❼ 褚德彝：《竹人续录》，1930 年排印本。

❽ 陆廷灿：《南村随笔》卷六，清刊本。

❾ 金元钰：《竹人录》卷上《吴之璠 朱文友》条。

三人，号称鼎足。其中杰出者，更推锡禄。康熙四十二年癸未（公元1703年），锡禄、锡璋同时入京，以艺值养心殿，名乃愈噪，族兄封毓秀有诗记其事。

锡禄擅长圆雕，上承朱氏之法，而刻意经营，以新奇见胜。毓秀诗云："松邻小松辈，工巧冠前明。岂期后作者，愈出还愈精。"[1]毓秀对锡禄之圆雕，复有以下之描绘："或雕仕女状，或镂神鬼形，奔出胫疑动，拿攫腕疑擎。或作笑露齿，或作怒裂睛。写愁如困约，象喜如丰亨。豪雄暨彬雅，栩栩动欲生。狮豹互蹲跃，骅骝若驰鸣。器皿及鸟兽，布置样相并。摹仿擅独绝，智勇莫能争。"此处所谓之摹仿，显然指摹仿现实之写生，而并非摹拟前人之成器。可见，没有写生之功力，是雕不出如此生动之形象来的。

金元钰对锡禄之竹刻艺术，有更高之评价："吾瞵竹根人物，盛于封氏，而精于义侯。其摹拟梵僧佛像，奇踪异状，诡怪离奇，见者毛发竦立。至若采药仙翁，散花天女，则又轩轩霞举，超然有出尘之想。世人竞说吴装，义侯不加彩绘，其衣纹缥缈，态度悠闲，独以铦刀运腕成风，遂成绝技，斯又神矣！"[2]锡禄之圆雕人物，传世绝少。今幸有上海博物馆藏罗汉像，吾人才得见其神采。乃知金氏"梵僧佛像，奇踪异状"数语，绝非虚誉。至于封锡爵，故宫博物院藏有其所雕晚菘形笔筒，题材新颖，刀法亦工，惟与其弟之罗汉像相比，艺术价值高低，不可同日而语。实则金元钰谓嘉定竹根人物"盛于封氏，而精于义侯"，早已寓有轩轾之意。

周颢与锡禄同时同里而年稍幼，其

字芷岩，又号雪樵、尧峰山人，晚号髯痴。康熙二十四年（公元1685年）生，乾隆三十八年（公元1773年）卒，享年八十有九。

钱大昕有《周山人传》，称芷岩"于画独有神解，仿古贤山水人物皆精妙，尤好画竹"[3]。嘉定竹人自三朱、之璠等名家后，芷岩"更出新意，作山水树石丛竹，用刀如用笔。不假稿本，自成丘壑。其皴法浓淡坳突，生动浑成，画手所不得到者，能以寸铁写之"。王鸣韶《嘉定三艺人传》谓芷岩"画山水、人物、花卉俱佳，更精刻竹。皴擦勾掉，悉能合度，无论竹筒竹根，深浅浓淡，勾勒烘染，神明于规矩之中，变化于规矩之外，有笔所不能到而刀刻能得之"[4]。对芷岩所刻山水，人无耳目，屋无窗棂，树无细点，桥无略约，尤为赞叹，以为出人意想之外，于嘉定诸大家后，可称别树一帜。至金元钰则更谓芷岩"以画法施之刻竹，合南北宗为一体，无意不搜，无奇不有"[5]。若取历朝诗家与竹人相拟，芷岩可当少陵，二百余年，首屈一指。推崇备至，可谓无以复加。

按芷岩不仅名载《竹人录》，画籍《墨香居画识》、《墨林今话》亦有传。蒋宝龄称其"幼曾问业于王石谷，得其指授，仿黄鹤山樵最工。少以刻竹名，后专精绘事，遂不苟作"[6]云。故若谓刻竹家自朱氏祖孙以来皆能画，乃竹人兼画师，则芷岩实画师而兼竹人也。

芷岩擅长以多种刀法刻各种题材。惟最为当时人所称道的乃所刻山水。这是由于他是将南宗画法融汇入竹刻的第一人。

芷岩画法南宗，不论师承画迹，

[1] 金元钰：《竹人录》卷下。

[2] 金元钰：《竹人录》卷上《封锡禄 封锡爵》条。

[3] 金元钰：《竹人录》卷上《周颢》条、《附录》。

[4] 金元钰：《竹人录》卷上《周颢》条、《附录》。

[5] 金元钰：《竹人录》卷上《周颢》条。

[6] 蒋宝龄：《墨林今话》卷三，咸丰二年刊本。

均足为证。其竹刻山水，以所见之溪山渔隐、仿黄鹤山樵山水❼及松壑云泉图等三件笔筒为例，确是南宗。惟芷岩之前，竹刻山水及人物配景，皆法北宗。故金元钰有"画道皆以南宗为正法，刻竹则多崇北宗"❽之论。钱大昕和《练川杂咏》亦有"花鸟徐熙山马远，无人知是小松传"❾之句。下逮吴之璠，所刻山石、松针，仍是北宗，于松荫迎鸿、采梅图等笔筒中明显可见。至芷岩乃一变前法，以南宗入竹刻。当时四王画派，正风靡画坛，文人学士又多以南宗为正法。无怪芷岩一出，使人耳目一新，竞以更出新意，别树一帜，二百余年，首屈一指，交相称誉。

芷岩山水、竹石以阴刻为主，功力自深。其轮廓皴擦，多以一刀刓出，阔狭浅深，长短斜整，无不如意。树木枝干，以钝锋一剔而就，有如屈铁。此于溪山渔隐笔筒中可见。刀痕爽利，不若用笔或有疲沓之病。刀与笔工具不同，故虽是南宗，或俱斧劈意趣。此于松壑云泉笔筒刻款字之山石上可见。所谓画手所不得到者，能以寸铁写之盖指此。所谓合南北宗为一体，亦指此。

在竹刻史中，芷岩乃一关键人物。刀法有继承，有创新，更有遗响。清代后期，竹刻山水，多法南宗，不求刀痕凿迹之精工，但矜笔情墨趣之近似。于是精镂细琢之制日少，荒率简略之作日多，其作画、刻竹之功力，又远不及芷岩，于是所作亦无足观。芷岩的遗响若是，恐非他始料所及。

潘西凤，字桐冈，号老桐，浙江新昌人，侨寓扬州。《郑板桥诗钞》有赠潘桐冈诗，曰："萧萧落落自千古，先生信是人中仙。天公曲意来缚絷，困倒

扬州如束湿。空将花鸟媚屠沽，独遣愁魔陷英特。志亦不能为之抑，气亦不能为之塞。……丈夫得志会有时，人生意气何终极！"❿又有绝句："年年为恨诗书累，处处逢人劝读书。试看潘郎精刻竹，胸无万卷待何如！"⓫可知老桐是一位饱学之士，因困顿维扬，才成了以刻竹为生的艺术家。

老桐刻竹，有名于时，因居扬州久，又经板桥誉为濮阳仲谦以后一人，故论者以金陵派目之。其手制器物，亦有与仲谦刀法相似者。曾见素臂搁全无雕饰，用畸形卷竹裁截而成，虫蚀斑痕，宛然在目，似未经人手，而别饶天然之趣。铭文隶书两行："物以不器乃成材，不材之材君子哉。"着字无多，隽永有味，寓意似出老庄。又如竹根笔筒，只取土下数节，略加裁剪揩磨，便圆熟可爱。从这两件作品中却能看到老桐所持的返璞归真的审美观念。

仲谦工浅刻，老桐亦然。三家合作寿星臂搁，黄瘿瓢画、李复堂题、潘老桐刻，寿星为浅刻⓬。四家合作紫檀笔筒，蔡嘉画老人，老桐仍用浅刻。当然浅刻只是老桐擅长的刻法之一；如摹刻古人法帖，老桐又能以深刻现其神采；所刻留青菊花亦绝佳。

清前期竹人，名家辈出，次于四大家的如邓孚嘉，字用吉，福建人，流寓嘉定，以善刻折枝花卉著名。其圆雕渊明采菊是经过精心设计，全神贯注才刻成的。

清前期竹人继承了明代的刻法，同时又有创新，故刻法大备。尤以吴之璠之薄地阳文，封氏一门之圆雕，周芷岩刻山水、竹石之运刀如用笔，潘老桐之随意刮磨而得自然之趣，皆冠绝当时，

❼ 周芷岩仿黄鹤山樵笔筒，刻于乾隆五年庚申，苏州市文物商店藏。因照片无法拍摄全景，故多次函请该店提供拓本以便编入本卷，竟以"传拓会损伤原件"为由，拒不提供，使人深感遗憾。

❽ 金元钰：《竹人录》卷上《朱稚征》条。

❾ 王鸣盛：《练川杂咏》，1920 年排印本。

❿ 郑燮：《郑板桥集·郑板桥诗钞》，1962 年中华书局本。

⓫ 郑燮《郑板桥集·郑板桥诗钞》，《绝句二十一首》之一。1962 年中华书局本。

⓬ Wang Shixiang / Wango Weng：*Bamboo Carving of China*, p.101, No.39, China Institute in America, 1983. 此件亦已收入拙著：《竹刻》，1992 年人民美术出版社。

无出其右，后人效法，更难企及。故此百五十年可谓竹刻之鼎盛时期。

清后期竹刻家名载史册者多于清前期。惟自具面目、卓然独立、堪称大家的实罕其人。早在清前期，已有刻者致力于用刀痕凿迹来再现书画之效果。至十九世纪，于竹上表现笔情墨趣，更被多数竹人视为竹刻之最高追求。其始作俑者为周芷岩，而后继者不能自画自刻，有赖书画家代为设计打稿，刻竹者乃沦为单纯之刻工，遂导致竹刻艺术之全面衰落。

大抵求画家打稿，只能在竹材表面落墨，一次而罢，不可能刻去一层求人再画一层。正缘此故，常见刻法只限于低而浅之阳文或阴文。盛行于往昔，曾创造出雕刻精品之圆雕、高浮雕、透雕诸法逐渐失传。技法之失传，又影响竹刻之品种：圆雕器物，透雕、高浮雕之香筒、笔筒，制者日稀，广泛流行的是只在竹材表面见刀痕的臂搁、扇骨之类而已。

清晚期竹人造诣较高者为尚勋及方絜。

尚勋善刻留青，除广州民间工艺馆所藏溪船纳凉图笔筒、上海博物馆所藏桐阴煮茗图笔筒外，还有流往海外之载鹿浮槎笔筒。一面刻枯槎泛水，上载髯叟，薜萝为衣，芒草作履，肩荷药锄竹篮，中贮蟠桃芝草，仙菊瑶葩。旁立稚鹿，昂首仰望，此图为道家神仙故事。背面阴刻篆书"载鹿浮槎"，楷书"丁卯尚勋制"共九字。三件人物及景色皆位置妥帖，状写入微，不愧是留青高手。

尚勋之名，不见竹人传记。所刻款识又过于简略，故迄今不知其字号、里贯及生卒年代。自从发现浅浮雕竹林七

贤图、八骏图笔筒，乃知尚勋所刻并不限于留青。倘取此件刀法推断其时代，当为嘉、道间(公元1796—1850年)人。

方絜，号治庵，字矩平，浙江黄岩人。能画山水，尝见设色扇面，师法四王。诗文画传记其事者有多家，而以《墨林今话》为较详。称其："凡山水人物小照，皆自为粉本于扇骨臂搁及笔筒上，阴阳坳突，钩勒皴擦，心手相得，运刀如用笔也。"[1]惟其刻法究竟若何，仍难使人理解。今据实物，除苏武像壁搁外，尚有故宫博物院藏人物臂搁、道光壬午刻渔翁图臂搁、道光丙戌刻仕女臂搁、道光丙申款墨林先生小像扇骨等。各件刻法相同，即用竹刻表面作地，阴刻竹肌作花纹。下刻不深，但在此有限深度内刻出高低起伏，所谓"阴阳坳突，钩勒皴擦"，尽在其中。此种刻法，在方絜之前，尚未见到通体花纹刀法如此一致，且游刃如此娴熟。邓云樵春畦过雨笔筒之园蔬刻法曾名之曰"陷地深刻"，今方絜之刀法不妨称之为"陷地浅刻"。

按黄岩以产贴黄器著称，至今此业不衰。1941年上海李锡卿编印《嚼雪庐自玩竹刻》中收方絜刻贴黄小插屏，一面为老子骑牛图，一面为行书五行，所用亦为陷地浅刻法，只刀痕更浅。近年黄岩贴黄艺人陈芳俊所刻箱盒盖上花纹，亦采用此刻法[2]。故知方絜之刀法与其乡里之贴黄工艺有一定之关系。

清晚期无款竹刻仍有佳制，留青如春郊牧马图笔筒等，借材巧做则有牧牛图笔筒。

十九世纪后叶，竹刻艺术每下愈况。直至本世纪初金西厓、支慈庵等先生出，竹刻始又有新的发展。

❶ 蒋宝龄：《墨林今话》，《续编》一。

❷ 中华全国手工合作社：《巧夺天工》，页57，《翻簧竹刻艺人——陈芳俊》，1953年轻工业出版社。

另一种器物，数量不多，可视为竹刻的旁枝别衍，那就是镂刻很精的仿古青铜竹雕。

传世竹刻中有一种专仿古代青铜器，鼎、卣、尊、壶，无所不备。刀法刻意求工，以毕肖古铜器为能事，并在装柄安流、镂雕提梁等方面多见巧思；惟受题材之限制，作者遂无法借雕刻抒发其灵感，故宜自成一类，目之为竹刻之旁枝别衍。

仿青铜器竹雕多无款识。只叶义先生著《中国竹刻艺术》上册有夔纹兽首壶，刻篆书阳文"萧"字印。同书又有三足炉，底有"老同制"篆文印❸。殆有人慕潘老桐之名，妄刻此章而又误"桐"为"同"。潘氏喜用弃材制器，得自然之趣，与此风格大异。上海博物馆藏仿古提梁卣❹，颈间刻隶书"蓬壶"二字，腹部刻文彭题七律，更显然是后人所刻。

《中国美术全集》之"竹木牙角器"卷所收五件，均清代宫廷中物，精谨整饰，更胜于流传在民间者，其制作年代当在乾隆年间。又因其与《西清古鉴》著录之器有相似处，当时可能召匠入宫，制于大内。乾隆之后，仍有作者，直至清代晚期。至于工匠姓氏，来自何方，以及其传人等，均待进一步查考。

还有一种盛行于清代，用竹筒内壁的竹黄做器物贴面并施镂刻的贴黄器。精制者，尤其是清代宫中的御物，技艺既高，花色亦繁，可谓穷工殚巧。不过贴黄器与仿青铜器竹雕，只堪称精美的工艺品，而还够不上真正的艺术品。

贴黄又有"竹黄"、"翻黄"、"反黄"、"文竹"诸称。其工艺乃取竹筒内壁之黄色表层翻转过来，经煮、压、粘贴到木制胎骨上使其成器。贴黄表面可任其光素，或镂刻花纹。有人或认为黄取自竹，故将"黄"写作"簧"，实误。

清中期以来，江苏嘉定、浙江黄岩、湖南邵阳、四川江安、福建上杭均以制作贴黄著称。据已知文献记载，以上杭为较早。《上杭县志·实业志》称："三吴制竹器悉汗青，取滑腻而已。杭独衷其黄而矫合之，柔之以药，和之以胶，制为文具玩具诸小品。质似象牙而素过之，素似黄杨而坚泽又过之。乾隆十六年翠华南幸，采备方物入贡。是乾隆时尚精此技，今已不可得矣。"❺清纪晓岚有咏竹黄篋诗并序❻，录引如下：

上杭人以竹黄制器颇工洁。癸未冬按试汀州，偶得此篋，戏题小诗二首：

　　瘦骨碧檀棻，颇识此君面。
　　谁信空洞中，自藏心一片。
　　凭君熨贴平，展出分明看。

　　本自汗青材，裁为几上器。
　　周旋翰墨间，犹得近文字。
　　若欲贮黄金，簧乃陈留制。

按乾隆十六年为公元1751年，乾隆癸未为公元1763年，是乾隆前期上杭贴黄器已达到较高水平，故得作为贡品。而清代宫廷所藏贴黄器，穷工殚巧，更是在上杭已达到的基础上有极大的提高。当时可能召匠入宫制造，或饬员赴闽定制，或兼而有之。具体情况若何，有待作进一步查考。惟可以断言者为上杭贴黄在乾隆之前定有更早的历史，其始至晚也在清初，乃至早到明代。

❸ 叶义、谭志成：《中国竹刻艺术》上册，页418、420，1978年香港版。

❹ 上海博物馆：《上海博物馆珍藏文物展》，页79，1980年印本。

❺ 张汉等修：《上杭县志》，1939年启文书局排印本。

❻ 纪昀：《纪文达遗集》，清刊本。

贴黄器以木为胎。木胎可随意造形，故能突破竹材为圆筒形的限制，可以制成各种形状的器物，并因此而增加其实用价值，所以贴黄器是值得并应该提倡的。不过贴黄甚薄，只能浅刻。故贴黄器盛行后，圆雕、透雕、高浮雕、深刻等许多传统技法失去了用武之地，一般竹人只去制作浅刻易就的贴黄工艺品，很少再去雕制费力难成的竹刻艺术品，其结果竟导致清中期以后竹刻艺术的显著下降。张鸣年《竹人录》跋称："吾嘉刻竹，名播海内，清季道咸以后，渐尚贴黄，本意浸失。"❶惋惜之余，乃有此感慨之言。看来在发展贴黄器的同时，必须仍有造诣较深的艺术家致力于竹刻，才能使我国特有的这种专门艺术长盛不衰。

一般民间的贴黄器，造型雕饰都比较简单。但清宫所藏，精工华美，远非民间者可比。仅就少数故宫博物院藏品作初步观察，已知有下列多种的制胎、镂刻及装饰技法：在造型平整而较规则的器物胎骨上贴竹黄；在造型不规则的器物胎骨上贴竹黄；在贴黄面上加浅刻花纹；在贴黄面上划锦纹并与镶嵌工艺相结合；在本色贴黄上加雕刻；在本色贴黄上粘贴本色竹黄花纹并加雕刻；在本色贴黄上粘贴深色竹黄花纹并加雕刻；在本色贴黄上施火绘花纹；在器物的面上镶深色竹丝，在竹丝上再贴本色竹黄花纹并加雕刻；在器物面上镶两色竹丝，在竹丝上再贴竹黄花纹并加雕刻；贴黄器与火绘、镶嵌等工艺相结合；在镂空的紫檀器上嵌贴竹黄；贴黄器与嵌玉工艺相结合；在竹丝及金属丝的编织物上贴竹黄花纹等等。此外还有超出一般工艺品而富有诗情画意的艺术

❶ 金元钰：《竹人录》《跋》。

精品如贴黄与嵌木相结合的芭蕉山石长方盒。总之，技法繁多，工艺复杂，变化无常，不胜备述。

值得注意的是故宫所藏的精美贴黄器，似全部是乾隆时期制品，此后宫廷未再制造或采办。精巧而繁复的装饰技法亦未见在民间的贴黄器上使用。这就使我们意识到应当研究并继承清代贡品的技法来提高当代贴黄器的水平。

明清木雕小件，往往和竹刻有密切关系，不仅互相影响，有的可能就是出于竹刻家之手，故不妨附带述及。

鱼龙海兽作为工艺品图案，十二世纪时已流行，实例如1983年四川遂宁南宋墓出土的银盘。《中国美术全集》之"竹木牙角器"卷收有雕有鱼龙海兽的紫檀笔筒，其花纹和银盘大体相同，倘与团城元代大玉瓮相较则更为接近。据动物形象，其雕制年代当在十五世纪，下限不会晚于嘉靖。再取与朱守城墓出土的紫檀螭纹扁壶相比，其时代风格显然早于万历时制品。换言之，鱼龙海兽纹笔筒的雕刻时代乃在竹刻形成专门艺术之前。故笔者认为此等紫檀雕刻，对朱松邻所创之高浮雕刻法，曾产生过影响。至于沉香鸳鸯暖手，风格蕴藉细腻，直可与朱三松的圆雕竹根器相比拟，它的作者可能也曾雕刻过竹根器。

黄杨仕女及子母牛等显然年代较晚，和清前期的某些竹根圆雕风格相近。而黄杨三螭海棠式盒造型及刀工与清代的仿古铜器竹雕又有相通之处。同一时期的种类截然不同的工艺品都往往相互有影响，更不用说均是用刀凿制成的竹刻和木雕了。

论竹刻的分派

不论文学艺术或其他学科，凡言某宗、某派，首先要有开山的创始者，其次要有受创始者影响的继起者，否则就形不成宗，更难称派。如果有人脱离历史的实际情况而侈谈分派，即使成一家之言，也得不到人们的承认而终难成立。一切缺乏根据的臆说是经不起历史的对证和时间的考验的。

我国竹刻至明代中期才形成专门艺术。最早提出分派的是清嘉庆时人金元钰。他在所著的《竹人录·凡例》中说：竹艺"雕琢有二派：一始于金陵濮仲谦，一始于吾邑朱松邻。濮派浅率不耐寻味，远不如朱"❶。严格说来，金元钰只说对了一半。嘉定竹刻自十六世纪初朱松邻创派，子（小松）孙（三松）三传，一脉相承，延续到清中期，后继者何虑数十家，故嘉定派是确实存在的。至于濮仲谦就不同了，得其亲授或直接受其影响的竹刻家连一位也举不出来。故谓明清之际，存在着一个以濮仲谦为首的金陵派是不能成立的。金氏分派之说，不过是有意制造一个对立面来抬高他本乡的嘉定派而已。

第二位把嘉定和金陵竹刻家相提并论，但并未明言分派的是本世纪初的褚德彝。他在所著的《竹人续录·序》中说："竹刻权舆于唐，盛于明代。金陵濮、李，嘉定朱、侯，名擅雕镂，咸称绝技"❷。这里濮、李的并提，主要由于二人乃同乡而并不一定认为他们是同派。濮在李上，也不意味着濮是金陵派之首，因为据《竹个丛钞》，李文甫所镂花草，"皆玲珑有致"❸。既然玲珑，便是精雕细刻，与濮仲谦"不事刀斧为奇，经手略刮磨"❹而巧夺天工的风格大异。又同书称李亦刻印章，"尝为文三桥捉刀"。按文彭（三桥）卒于万历元年（1573年），而濮生于万历十年（1582年）❺。李既与文同时并为他捉刀，自然要比濮年长得多，濮是晚生后辈，怎么能居李之上而成为金陵派之首呢？

叙述竹刻分派不厌其详，远远超过前人的是1947年发行的《辞海》中的《竹刻》条：

> 镂刻之施于竹材者，称竹刻。其艺始于唐、宋。宋高宗时，安徽吴晞庵、詹成能于竹片上镂刻宫殿、山水、人物，

❶ 金元钰：《竹人录》，民国鄞秦氏睿识阁排印本。

❷ 褚德彝：《竹人续录》，1930年排印本。

❸ 《竹个丛钞》，据李放《中国艺术家徵略》卷二引文。

❹ 张岱：《陶庵梦忆》卷一"濮仲谦雕刻"。

❺ 钱谦益：《有学集》赠濮老仲谦诗，自注云："君与予同壬午。"此壬午为万历十年（1582年）。

纤毫俱备，以幽秀胜，世号皖派。至明金陵李文甫、濮仲谦刻花、鸟、虫、兽，皆精绝隽逸之作，有金陵派之称。后嘉兴张希黄、钱开煮、周梦坡改创阳文留青，此浙派所自起。继之者，有萧山蔡容庄创留青人物山水，得希黄诸家之秘，遂称萧山派。嘉定朱松邻改变濮仲谦法，喜用深刀，子孙继其业，遂成嘉定派。至清乾、嘉间，邹邦藩、潘老桐、郑文伯、方絜斋辈，均摹李文甫、濮仲谦法，镂工皆精，此金陵派之继起者。道光时，汤硕年、吴玉田兼嘉定、金陵、皖三派成为一家。❶

乍读上条，列举竹刻家及流派，如数家珍，令人不禁肃然起敬，莫测高深。但随即发现所述竹人，有不少非常陌生，为《竹人录》及《竹人续录》所未载，很难相信如果是有成就的竹刻家，竟会被金、褚两家遗漏失记。而当该条提到赫赫有名的大家时，又出现明显的错误，这就不能不使人对其所列举的竹人和分派的可靠性产生疑问了。

该条首先提出南宋时安徽人吴晞庵、詹成。吴晞庵名姓不彰，事迹及作品均待考。詹成则见元·陶宗仪《辍耕录》，但未言他是安徽人，所谓"能于竹片上镂刻宫殿、山水、人物"云云，乃陶氏称誉詹成语，今被置在吴、詹之下，遂成为二人共有的技能，这是对《辍耕录》的篡改和歪曲。而称詹为安徽人，更缺乏根据。故所谓"世称皖派"之说，乃是虚构，该条不过将一己之言，诡称是世人的成说而已。

次谓"嘉兴张希黄、钱开煮、周梦坡改创阳文留青，此浙派所自起"。按张希黄虽为名家，但生平不详，其籍

贯或云为江阴❷，未闻有嘉兴之说，而江阴在江苏，不在浙江。钱、周姓氏不见金、褚两录。"梦坡"为近人周庆云号，吴兴人，以工书画、富收藏著称，未闻善刻竹。其中仅张希黄为大家，钱、周二人不曾以刻竹显名，不知何以竟归入一派；又时代有先后，岂能同是留青的改创者！如此言分派，徒增疑义而不能使人信服。

次谓"继之者，有萧山蔡容庄创留青人物山水，得希黄诸家之秘，遂称萧山派"。据传世实物，蔡容庄刀法以阴文浅刻为主，留青之作不多。所谓萧山派只举容庄一人，无继起者，又如何能成派！

次谓"嘉定朱松邻改变濮仲谦法，喜用深刀"。按朱为嘉靖、正德间人，濮仲谦则生于万历十年，入清尚健在❸，故朱早于濮至少半个世纪。今竟谓朱改变濮法而用深刀，岂不大谬！只此一语，已足见该条作者对声名煊赫的朱、濮也无所知，更无论其他二三流的竹人了。

次谓"至清乾、嘉间，邹邦藩、潘老桐、郑文伯、方絜斋辈，均摹李文甫、濮仲谦法，镂工皆精，此金陵派之继起者"。按四人中堪称竹刻家的只有潘老桐和方絜。老桐名西凤，擅长阴刻、高浮雕、浅浮雕、留青等多种刻法，而浅刻只是其刀法之一。作品与濮仲谦偶有相通处❹，惟其生也晚，只能说受濮的间接影响。方絜字矩平，号治庵，"絜斋"之称，既非其名，亦非其号，又显然有误。据传世实物，方氏善陷地浅刻，乃从贴黄的浅刻变化出来的一种刀法❺，和李文甫的"玲珑有致"、濮仲谦的"经手略刮磨"而巧夺天工均不相伴。故谓摹李、濮，又是毫

❶《辞海》合订本页1007第二栏，1948年中华书局再版本。

❷ 褚德彝：《竹人续录》，1930年排印本页三下褚氏案语。

❸ 钱谦益赠濮老仲谦诗作于顺治五年、六年之间。

❹ 请参阅拙编《竹刻艺术》页17及页59，1980年人民美术出版社；又拙著《中国美术全集·竹木牙角器》"竹刻总论"页9、"图版说明"页9。

❺ 请参阅《中国美术全集·竹木牙角器》"竹刻总论"页10。

无事实根据的臆说。

次谓"汤硕年、吴玉田兼嘉定、金陵、皖三派成为一家"。按汤不见竹人两录。吴为福建人，载入褚德彝之《竹刻考略》❻。二人生于晚清，竹刻艺术已日益衰替。朱氏一门的圆雕、透雕、高浮雕诸法均已失传，更何来嘉定派？而所谓皖派又根本不存在，故兼三派之说，又不过是一句空言而已。

《辞海》条目，多有所本。《竹刻》一条，几经查找，始知乃摘录张志鱼所撰《历代刻竹人之小传》（见后页附录）并略加损益而成。

张志鱼，字瘦梅，号通玄，民国时人，能治印刻竹。其人品技能，自有公论，兹不复赘，惟其编写《小传》所持态度，显然极不严肃。有关竹刻历史，浅陋无知，亦于此暴露无遗。

《小传》一起称："鱼前二十年，得到《竹人录》一册……不知何人执去，现追忆录之，挂一漏万，当不免耳。"撰述缺少重要参考书，应当搁笔，凭记忆随手写去，治学者决不肯如此草率，其结果必然是错误百出。但谓朱松邻乃崇祯时人，将明人侯崤曾列入清代，置康熙时的吴之璠于乾隆时的严煜之后等等，则并非一时记忆之舛误，而只能解释为对竹刻史缺少基本知识和整体观念。更不足取的是强不知为知，不据史实，妄言分派，这是为了自炫博学而不惜欺骗读者的一种做法。

按《小传》不过是张志鱼一家之言，原无足轻重，不必亦不屑为它多费笔墨。但作为《辞海》条目，问题的性质就大不相同了。因为《辞海》是一部流传广、影响大、经常有人查阅并引用的辞书。编者为竹刻设条，未能察觉《小传》的谬误无稽而大量摘录，甚至还掇拾三五人名，进一步自行编造。例如称邹邦藻等四人为金陵派继起者，汤硕年、吴玉田兼三派成为一家等等，就是《小传》所无，而是《辞海》编者后增的。如此乱抄妄增，就造成谬种流传，贻误读者，成了严重问题。1973年台湾出版的《中文大辞典》便一字不易地采用了《辞海》的《竹刻》条。被它所误的可能还有其他辞书，至于论著就更多了。如万一鹏《竹刻艺术》，小史首段即从《竹刻》条取材❼。夏美驯《历史文物与艺术》中有两篇谈雕竹的文章❽，他对《竹刻》条的说法亦信而不疑。本文不辞繁琐之嫌，一一指出其讹舛失实之处，目的就在纠正错误，清除有关竹刻分派的种种不实之辞。

《辞海》中出现像《竹刻》这样的条目，使人感到过去对工艺美术史的研究做得很不够，与实物脱节、传闻耳食的说法太多，翔实有据、语不虚发的著述太少，这也是辞书编者找不到可靠材料，未能写好条目的主要原因之一。改变这种状态，正是我们今后努力的方向和工作的重点。

1989 年 3 月

❻ 见钱定一：《中国民间美术艺人志》页 222，1987 年人民美术出版社。

❼ 万一鹏：《竹刻艺术》，台湾《新亚书院学术年刊》第 16 期，1974 年 9 月。

❽ 夏美驯：《历史文物与艺术·竹与雕竹艺术·艺林珍品话竹刻》，台湾 1984 年 10 月印本。

张志鱼《历代刻竹人之小传》

鱼前二十年，得到《竹人录》一册。所载由宋詹成起至清乾隆止，约百余人。该书不知何人执去，现追忆录之，挂一漏万，当不免耳。顺序书之，为是省纸省工，读者幸原谅焉。詹成、吴晞庵（宋高宗时安徽人）能于竹片上镌刻山水、人物、宫殿，纤毫俱备，细巧若镂，各以幽秀见长，此刻竹之皖派也。明朝能手崛起，有金陵李文甫、濮仲谦，均善刻竹，惟性质稍异。一喜刻扇骨（即篾边）；一喜镌香筒，其所刻率多花、鸟、虫、兽之类，皆精绝隽逸之作，此刻竹之金陵派也。厥后嘉兴张希黄、钱开恭、周梦坡改创阳文留青，传其法者甚多，此刻竹之浙派也。又萧山蔡容庄创留青人物山水，极得希黄诸家之秘，而别树一帜，不落恒蹊，遂称萧山派。明崇祯时，朱松邻改变濮仲谦法，而于其所刻喜用深雕，又擅书画，善摹吴道子，朝画一稿，夕刻于竹，遂名震一时。其子小松，其孙三松，均继其业，此刻竹之嘉定派也。云亭严子煜，字敬安，江苏嘉定人，从周芝岩学刻竹，尽得其秘，饶有朱三松、李长蘅之妙。逮后侯崤曾、吴之璠创刻薄地阳文人物，封锡禄则以竹根雕镂佛像，施天章能传封技，其艺不在封下。清乾隆时，阮芸台、湘中孙鹤诏，鄂中邹邦藩，江都潘老桐，名西凤，其子小桐，郑文伯；嘉庆时，方絜斋、唐学川，杭州陈源均；道光时，赣中汤硕年，嘉兴张受之，吴江杨龙石，闽中吴玉田，海盐胡衣谷，金坛赵成祖；此见于《竹人录》、《印人传》者。（下略）（见张志鱼《刻竹治印无师自通》页2，1941年寄斯庵印本）

竹刻款识辨伪

在张珩同志遗著《怎样鉴定书画》一文中，有这样几句话：书画作伪"归纳起来不外乎两类。一类是完全做假，其中又包括：照模、拼凑、摹拟大意、凭空臆造四种方式。另一类是利用前人的书画，用改款、添款或割款的方法来做假"。谈到竹刻，虽属雕刻小品，传世之器比起其他文物门类也为数甚微，但作伪的方式方法却和书画颇有相似之处。近年观摩实物，浏览图像，有些可疑之例，随手书之，以就正于究心此道者。

要肯定一件赝品是否为照模，最好能先看到真品。对比一下，不仅可以辨其真伪优劣，摹刻者的惟细惟谨，亦步亦趋也昭然可见。

清初大家吴之璠有一件滚马图笔筒（图1），清宫旧藏，现在台北故宫博物院。刻法用浅浮雕，即金元钰所谓的"薄地阳文"（《竹人录》卷上）。一

图1　清吴之璠滚马图笔筒（左）

图2　伪吴之璠滚马图笔筒（右）

图4　清周芷岩溪山渔隐笔筒拓片

图3　清吴之璠换鹅诗臂搁

马仰卧，鬃鬣散地面，睛目努张，掀鼻露齿，若闻其嘘气之声。前足拳局而左向，后足蹴空而转右，马尾扫拂尤为得势，把骏骑滚转的一刹那刻画得形神兼备。马右立一圉人，侧身而顾。它是之璠的精品，迭经书刊影印，为世所知。

1981年在北京见到一件摹刻（图2），构图与原件全同，镌刻亦工，如未曾见到吴氏真迹，可能信而不疑，但经玩味，优劣自见。原件虽极精工，却游刃自如，畅行无碍，故于缜密中有劲挺之致。摹刻一件部位不差，纤琐悉备，但过于矜持，惟恐不肖，遂刻不出爽利自然的意趣。如果说摹刻一件的马和圉人刻得还算不错的话，笔筒上的题字便毫无是处了。只因摹刻一件的竹筒粗于原器，所以加刻了阴文行书三行："价高曾得遇孙阳，冀北群空选异常。吴之璠制。"我们不妨取吴刻的换鹅诗臂搁真迹（图3）来对比，虽一为阳文浮雕，一为阴刻，但前者遒劲飞动，后者冗弱呆滞，书法高下，相去甚远。正是因为原

件没有题诗，作伪者无从照模，只好妄自增添，于是暴露了明显的伪造痕迹。摹刻一件竹色红紫，年代并不晚，很可能是吴氏弟子或同时竹人的作品。

刻竹名家周芷岩善用刀痕来再现笔墨意趣，以运刀如运笔著称，是以南宗画法来刻竹的第一人，因而出现了前所未有的面目。《河北第一博物院院刊》印出署名芷岩或晋瞻的三件作品，有真有伪。其中的《溪山渔隐》山水笔筒（图4），山石树枝，一剔而就，笔触苍老，俨然如画，可信为真迹。另一件仿倪山水笔筒（图5）则是伪作，山水刀法太弱，去芷岩远甚。至于题字，则间架结构与芷岩尚有几分相似。从这一点来看，作伪者乃据真迹照模有极大的可能。

属于摹拟大意一类伪作，又要举一件有"之璠"款的竹刻为例——高浮雕兼透雕仕女香筒（图6）。

据传世吴刻，可知"薄地阳文"乃吴氏所创，而高浮雕兼透雕则是他继承

三朱（朱鹤、朱小松、朱三松）的刻法
但又有所发展。其代表作如故宫博物院
藏的笔筒（图7）。它虽为黄杨木雕而非
竹刻，但刀工技法，并无二致。如果我
们取与仕女香筒对比，真伪妍媸，判然
自见。东山报捷笔筒刀法圆润，人物顾
盼有情，树石法度谨严，又益然有生趣。
仕女香筒人物粗率，山石强凿洞穴，松
针层次不清，全乖物理，两件无法使人
相信乃出一手。伪作如此，当属摹拟大
意一类，因为如果有真者在旁可供照模，
应当还能刻得好一些。尤其是山石洞穴，
不至于刻凿得如此牵强做作。

　　凭空臆造是只想假借巨匠煊赫之
名，售世欺人，往往连名家的时代风格
和个人风格也不加考虑，随意抄袭画本
或求人打稿，妄刻成器。这样的伪作与
真品每多悖谬，容易被人看出破绽。不
过遇到徒慕虚名，购藏竹刻而又不甚了
了的好事者却不难得售。下举刻有"希
黄"款或印章的各一件及刻有朱三松印
的一件。

图5　伪周芷岩仿倪山水笔筒拓片

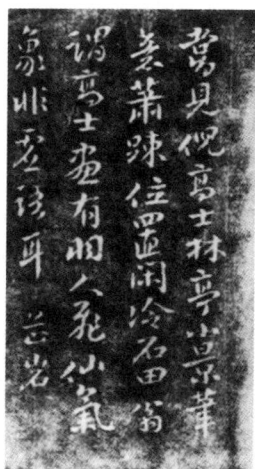

　　刻有希黄款的是一件桧石双鹤图
臂搁（图8）。大家知道张希黄是明清
之际刻留青第一高手。个人所见真迹或
在疑似之间的竹刻不下十余件，无一不
是远景山水。画中景物，楼阁园林往
往占重要地位，而人物高仅分许。刻字
一二十字或多至三四十字，行楷相间，
字字不相连属。前为英人大维德所藏、
今归美国波士顿美术馆的楼阁山水笔筒
（图9）可视为代表作。现在刻有希黄
款的臂搁为树石翎毛近景，是从未见希

图6　伪吴之璠仕女香筒　　　　　　图7　吴之璠东山报捷图黄杨木雕笔筒

79

图8　伪张希黄桧石双鹤臂搁拓片

图11　伪朱三松刻文徵明诗臂搁正背面

图9　明张希黄楼阁山水笔筒

图10　伪张希黄山水盒

黄刻过的题材。个人见闻有限，自不宜因没有见过而遽予否定。但辨伪的有力证据在臂搁上的画本，竟是清代晚期沪上任氏一门（任熊、任颐等）的风格。

明末的张希黄决不会受清末任伯年的影响，其为伪作自不待言了。臂搁刻有"物聚所好"方印，是清末民初贵池刘世珩的收藏印，看来臂搁的作伪就是在清末民初之际。平心而论，臂搁的画与刻都有较高的水平。如署真实姓名，传到现在，也是一件珍贵文物。无端刻上"仿元人法希黄"几个字，只能是一件假古董了。

另一件留青山水盒（图10），左下角有"希黄"印。从内容来看，它没有前例那样离题太远，技法也发挥得很好，但仍可断定为臆造之作。因为希黄真迹有鲜明的画工气息，而从不刻南宗山水。此盒则纯是文人画，而且已是清中期或更晚"四王"流衍的面目。这就和张希黄的时代风格及个人风格大相径庭了。

刻有朱三松印的是一件臂搁（图11）。正面七律一首，有"徵明"两字款及"衡山"、"朱三松刊"两印。类此阴刻名家书迹，清中期始流行，刻者印文曰"某某刊"，时代则更晚，均非晚明所能有，其为凭空臆造，已无可疑。背面竹黄刻山水人物，笔法与衡山决不相似，但颇工谨。柳下芦边，各泊一舟，画手意在与七律中扁舟句相呼应，予人一种感觉，似乎画本亦出衡山之手，此乃利用好事者仰慕名家，冀得佳制的心理，以售其狡狯之技。

竹刻中最常见的伪作是在无款的器物上添刻名家伪款。下举伪刻濮仲谦者三件，伪刻江春波、朱三松者一件。

濮仲谦款八仙乘槎图笔筒（图12），上部岩壁半为云遮，其下波涛汹涌。八仙泛槎，如履平地。刻者取材竹根肉厚一截，故能充分发挥高浮

图12 伪濮仲谦八仙乘槎图笔筒

图13 清无款赤壁赋图笔筒

雕刻法的特点。

严格说来，确实可信为濮氏的真迹，一时尚难举出实例，但我们有理由相信八仙笔筒是一件添款的伪作。所据如下：

首先是笔筒的刻法和几种讲到仲谦艺术特点的文献记载都不符合。按仲谦以擅长浅刻著名。据《太平府志》、张岱《陶庵梦忆》、吴德旋《初月楼文钞》，都说他"貌若无能，而巧夺天工"，"其竹器一帚一刷竹寸耳，勾勒数刀，便与凡异，然其所自喜者，必用竹之盘根错节，以不事刀斧为奇，经其手略刮磨之，遂得善价"，可知其特点在善于据竹材的原状，运以巧思，略施刀凿，竟能得到人们意料不到的效果。因此其作品不可能是精雕细琢，而有"大璞不斫"（宋荔裳《竹罂草堂歌》），天然浑朴的意趣。上述的特点，显然在八仙笔筒中是丝毫也找不到的。其次是八仙笔筒的雕刻风格我们是了解而熟悉的，它是标准的明末清初嘉定朱氏传下来的所谓"洼隆深浅，可五六层"的高浮雕刻法，实物传世尚多，不难举出若干件和它相印证。无款

的赤壁赋图笔筒（图13）就是一件与它十分相似的实例。我们有理由说八仙笔筒是十七世纪嘉定竹人的制品，却被人添刻上濮仲谦的伪款。

浮雕文姬归汉图笔筒（图14），石上空白处有"仲谦"、"濮澄"两印。人物山石镂刻极精，一望可知是吴之璠常用刀法。作伪者昧于明清名家的个人风格，在笔筒上妄刻名气大于吴之璠的濮仲谦印章，这就等于向人宣布"本器乃是赝品"。假若当时不刻濮印而刻吴之璠款，那么辨别真伪倒要颇费踌躇了。笔筒的真正刻者应当是吴氏的弟子，并且很可能是对着老师的真迹模刻的。

盒作葫芦形，遍体浮雕藤蔓匏实，下端底盖合口处，刻"澄"字方印（图15）。此种竹雕器并无多少意匠经营，因而看不出作者的个性，乃出一般工匠之手，传世甚伙，多数无款，上海博物馆藏品中就有五六件之多。濮氏印章乃是后添，毋庸置疑。

江春波伪款寿星（图16），手持如意，笑容可掬。幼儿六人，围绕嬉戏，寓多寿宜男之意，前人祝寿馈赠，每需此物。它是自朱氏三世圆雕之法大备，

图14 伪濮仲谦文姬归汉图笔筒

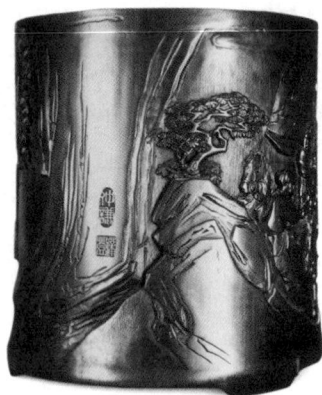

图15 伪濮仲谦葫芦盒

图16 伪江春波寿星

封氏昆仲又有创新，嘉定竹刻不断发展，业者日众，开店列肆，竹雕走向商品化时期的产物。寿星镂刻较繁，不是一般的商品，但也不是真正的艺术品，和朱、封等大家的圆雕人物、罗汉等是无法比拟的。定其制作年代，在十八世纪上半期似无大误。

待我们再来看一看江春波的史料。据《中国艺术家徵略》引《酌泉录》；春波筑堂五浪山，"暇则取藤瘿古木湘竹，制为砚山、笔架、盘盂、臂搁、麈尾、如意、禅椅、短榻、坐团之类，摩弄光泽，皎洁照人"，并无从事竹雕的确凿记载。尤其是和江交游名士，"若唐子畏、祝枝山、文衡山父子，往来尤数"。可知他的活动年代在正德、嘉靖间，比嘉定竹雕创始人朱鹤还要早上几十年。本人认为嘉靖前期不可能会有寿星那样的竹雕，故可断定江春波款乃是伪刻。

山水笔筒（图17），刻有"徵明戏作"款、"三松制"印章（图18）。

画景为一帆饱风，顺流而下，乘者不下七八人。一舟逆水上行，两人背纤，登桥匍匐而进。从款字及印章来看，乃是文徵明作画稿，朱三松镌刻。

图17 伪朱三松刻文徵明山水笔筒

图18 伪朱三松刻文徵明
山水笔筒（题字）

其不堪信，原因有四：

1. 文徵明早于朱三松，除非朱三松把文画搬移到笔筒上，文徵明是不可能为朱三松在刻件上打稿的。

2. 摹刻名人书画，并标明作者姓氏，其风始自周芷岩，尚未见到更早的实例。朱三松刻《西厢记》故事窥简图笔筒，画本参酌陈老莲版画。但朱氏为了竹刻的需要，益以新意，增加了许多景物，成为自己的创作。三松自工书画，他是不屑生搬硬套他人的画本，并把原作者的姓名也刻在上边。

3. 画本格调相当庸俗，如谓是衡山所作，定是赝品。三松岂肯摹一幅文氏伪迹来作为竹刻的画本！

4. 笔筒刻法为浅浮雕，与朱三松的时代风格及个人风格均不符合。笔筒上山石树木的处理，尤其是垂柳的刻法，传世刻件上曾屡见不鲜，乃出于乾嘉间某一竹人之手，多不刻姓名或印章，故往往被人添刻伪款，而真实姓名反不详。

竹雕也有用改款方法来作伪，将不为人知的或名气不大的款识改为大名家的款识。竹刻用材不同于书画，裁割、挖补等伎俩使用不上，只有把原款铲去重刻伪款，所以也就和添款十分相似了。

1983 年 2 月

试谈竹刻的恢复和发展

我国是世界上最早用竹和最善用竹的国家之一。竹子的用途极广，专就施加雕刻的竹制工艺品而言，大约起源甚远，惟因不易保存，很难传下来。现知较早的实物是西汉马王堆一号墓出土的雕龙纹髹彩漆的竹勺柄❶。汉以后各个时期都有竹制工艺品，并积累了丰富的雕刻经验。它和其他文学艺术一样，有普及，也有提高。到了明代，文人艺术家们在前人的基础上又有所发展，把竹刻从比较简单的、以实用为主的工艺品，提高到比较细致的、以欣赏为主的艺术品，并逐渐形成了一种专门艺术。

自明中叶以来，名见典籍的竹刻家有二三百人之多，并有专书刊载他们的传记。姓名不彰而技艺颇高的也代有其人。他们不少都工书善画，通诗能文，既吸取了前代工匠的雕刻技巧，又融会了其他文学艺术因素，创造出适宜表现多样题材的种种刀法。遗留下来的作品，许多是穷年累月，惨淡经营才雕成的；在传世文物中，竹刻可以自成一类。讲到雕刻史，也不能无视这方面的成就。竹刻形成这样一种专门艺术，是世界上其他国家所没有的。

随着时代的前进，竹刻工艺品在我国广大地区更是普遍地发展着。它们品种繁浩，花色众多，具有适用而又经济、美观的特点，许多是人民群众生活中不可缺少的东西。丰富多彩的竹刻工艺品在日常用具中占如此之大的比重，也是很少有其他国家能和我们相比的。

竹刻的原料是竹子。南方诸省，普遍生产。它成材期短，价格便宜，取之不尽，用之不竭。我国竹材资源之富，又是世界上少有的。

竹刻器物，不论是艺术品还是工艺品，可以丰富我们的物质生活和精神生活；既可自用，满足人民需要，又可外销，借以宣扬我国文化艺术。它对国家、对人民都有利，所以是我们民族的好东西。

竹刻需要大力发展。不过竹刻工艺品和竹刻艺术品各具特点。前者关系人民日常生活需要，竹制竹编器具，在南方产竹之地，普遍发展，上面的竹刻亦随之日新月异。而后者对雕刻技法要求高，选用材料规格严，作品用工多，成本高，比较难于生产，问题较多，因而下面所谈的主要是这一方面的问题。

❶ 湖南省博物馆、中国科学院考古研究所：《长沙马王堆一号汉墓》图版165，1973年文物出版社。

竹刻工艺怎样发展，以个人的臆想，似乎应当从以下几个方面着手。

一　发展竹刻首先是变革竹刻的旧题材，发展新内容

前代竹刻的题材，今天看来有不少是糟粕，只能供封建地主阶级观赏享用，这些自然不应再有。但也有一部分题材，如山水、风景、花鸟、静物及内容比较健康的历史人物故事等，应当保留下来继续雕制，而且在外销竹刻中，可能还要占相当的比重。敬爱的周总理对工艺美术品的出口有明确的指示：只要不是反动的、丑恶的、黄色的东西都可以组织生产出口。这个指示对于竹刻自然也是完全适用的。

传统的竹刻题材，我们要批判继承，不过更为重要的是现代竹刻要有今天的生活气息、时代精神，而且成为主流。和其他艺术形式一样，竹刻也能成为而且应当成为团结人民，教育人民，打击敌人，消灭敌人的有力武器。我们应当用竹刻来歌颂革命，歌颂英雄人物和社会主义建设。常州地区竹刻家徐素白、白士风在这方面都已有比较成功的作品。他们用留青的方法刻毛主席诗词手稿。徐素白刊刻了革命纪念地嘉兴南湖和泊在岸旁的游船。白士风在一件题为《斗风雪保春羔》的小插屏上刻绘了蒙古族英雄女儿的形象。类似这样的题材在今后的竹刻中应当越来越多起来。

二　其次是丰富器物品种，适合现代生活

明代和清前期，竹刻品种有簪钗服饰、圆雕人物、竹根器皿、香筒笔筒等。可是到了本世纪初，竹刻艺术品只有笔筒、臂搁、扇骨等少数几种，反比过去少了。因此器物品种，也有一个恢复问题。凡是过去有过的，今天认为是好的，都应当恢复。但更重要的是我们要雕制出更适合现代生活的器物。白士风同志在这方面又有可喜的尝试。他用宽于一般臂搁的竹筒做成下有木座的小插屏或横置的陈设；还用十多片竹筒拼在一起，做成横的或扇面形的挂幅，这样就加大了刻件的面积，打破了旧有的形式框框。从这里得到启发，有的竹刻是否可以向更高更大发展呢？例如用长条的竹筒拼成多叠屏风或大座屏风，或做成分隔室内空间的隔扇等；采用比较重拙粗犷的刀法，以期远看遥观能有较好的效果。当然，对这类器物的艺术要求，和精雕细琢的小品完全不同，并且连刀凿工具都要来一番改革创造才行。此种设想能否成为现实，要经过试制才能知道。

如果说对竹刻艺术品的要求是精益求精，艺术成就越高越好的话，那么对一般竹刻工艺品的要求则是越符合实用、经济、美观这三项原则越好。过去的竹刻工艺品，包括旋胎加雕饰的器物，品种已经不少。一自贴黄竹器出现，打破了竹子本身形态的束缚，可以做成多种多样、见棱见角的器物，品种就更多了。其中符合三项原则的自应扩大生产，不符合的则予以淘汰。

我们要用更大的力量放在设计、生产适合现代生活的竹刻新品种上面，只有这样，竹刻工艺品才能有真正的发展。从事设计首先要熟悉竹材的性能，其次要熟悉使用者的生活需要，二者缺一不可。设计外销竹刻工艺品比设计内

销的更要花力气一些，要考察、体验并熟悉国外使用者的生活和爱好。试举一些设想，竹材体轻，做服饰似乎合适，是否可以做竹刻的别针、钏镯、纽扣及其他衣着附属品呢？又如国外的家庭及办公室各有一套他们需用的文具及案头陈设，是否可以用竹刻或贴黄做一些适合他们使用的器物呢？

三 要发展竹刻还应考虑竹刻与其他工艺的结合

竹刻与其他工艺的结合是丰富品种、焕彩增华的一个途径。这里所讲的结合，包括：竹刻与其他竹工艺的结合，竹刻与其他工艺的结合，竹刻与现代工艺的结合。

不论竹刻与何种工艺结合，要注意这样一个原则，即精制的竹刻只能与其他工艺的艺术品结合，一般竹刻则可与其他工艺日用品结合。

先谈竹刻与其他竹工艺的结合。

贴黄器上常施雕刻，但贴黄器与一般竹刻的结合并不多见。结合的方法如在贴黄器的顶盖或四壁镶嵌竹刻。竹刻所用竹材，比竹黄厚得多，故可采用高浮雕或透雕等技法，这样就打破了贴黄只有浅雕的成规，使它的形态丰富而有变化。

我们看到用竹黄做锦地，上面再贴竹黄花纹的挂幅。是否可以在竹黄的锦地上粘嵌竹刻花纹呢？竹刻花纹比竹黄高厚而有色泽差异，其效果可能比花纹、锦地一律用竹黄要好一些。

旋胎的竹器有的制作颇精，如故宫博物院藏的清制带链执壶[1]。壶上的链子就用竹刻做成。倘旋制其他有盖的器物如博山炉，或可在腹部加开光

的器物如尊、瓶之类，盖及开光就可以用竹刻。有雕饰的器盖或开光要比竹链更能显示竹刻的特点，使技法得到更好的发挥。

竹编篮子的提梁及顶盖，盒子的圈口，可用竹刻。我们看到东阳马正兴、福州、莆田和江西的竹编已经有这样的制品[2]。还有竹制家具，在适当的部位也可以用竹刻做装饰。这些都以采用民间气息较浓的一般竹刻为宜。

竹木镶嵌器是近年在四川试制出来的新产品[3]，已经取得可喜的成就并将技法推广到江西等地。它的特点在利用竹材断面的纹理和竹皮、竹黄、木材等拼凑出多种花纹图案来，成为竹木工艺的一个新品种。竹刻和竹木镶嵌器的结合似乎也是可以试制的。

竹刻与其他工艺的结合初步想到的有木工艺、漆工艺和玉石象牙雕刻工艺。

乾隆时期的陈设，如屏风、插屏、挂幅之类，往往镂刻紫檀、鸂鶒木等深色硬木作背景，用牙、玉、黄杨木等浅色物质作嵌件。竹刻也完全可与这一类木工艺相结合，而且工料都比牙、玉便宜得多。故宫博物院藏芭蕉山石纹贴黄盒，芭蕉用竹黄，山石则用沉香之类木质雕成，两色协调而饶画意，艺术效果很好。这也是竹刻和木工艺的一种结合。

竹刻与漆工艺的结合首先想到的是"百宝嵌"。清代的漆背百宝嵌挂幅，个别嵌件早就使用过竹刻。现在是否可以制作全部用竹刻或竹黄嵌成的漆屏风、漆柜门、漆挂幅呢？清代剔红、剔绿、剔黑等雕漆器，常用玉石或螺钿作嵌件。竹刻作为嵌件也可以和各色雕漆相结合。漆器中有一种填漆，在刻有阴文花纹的漆地上填入不同色漆，最后磨

[1] 故宫博物院：《故宫博物院藏工艺品选》图版 86，1974 年文物出版社。

[2] 马正兴提篮，见《巧夺天工》页 103，中华全国手工业合作社编，1958 年轻工业出版社。东阳八角盒，见《中国工艺美术》第 175，1959 年《中国工艺美术》编委会编印。福州提篮，见《福建工艺美术选集》图版 77 上，1959 年福建人民出版社。莆田雕刻面小提篮，见同上图版 77 下。江西花篮，见《中国工艺美术》第 167，1973 年轻工业出版社。

[3] 《中国工艺美术》第 183，1973 年轻工业出版社。

平，形成光滑而绚丽的画面。我们可以在竹材上刻花填漆，成为竹漆结合的一个新品种。由于它色彩多，不藏尘，不褪色，有比一般填绿、填青竹刻优越的地方，而且效果也不一样。

竹刻与玉石、象牙雕刻工艺结合，一种是以竹刻器物为主体，上面镶玉石或象牙雕刻。一种是以玉石、象牙或瓷、铜等器物为主体，而用竹雕来配底座。当然竹材体轻，做底座不够稳定。不过这种缺憾还是可以设法弥补的，如采用加大底座下脚，或在竹雕底座上增加其他体重物质的附件等办法。

现代工艺指玻璃、塑料、搪瓷、铝制品等。它们都是新兴的工艺材料，所以竹刻和它们的结合缺少可以借鉴的前代实例。不过一旦找到了结合的方法，工艺品就会呈现中国的艺术风格，和国际市场上同类的商品不同。因此这方面的结合是值得研究探索的。

四　恢复传统技法

对雕制竹刻艺术品来说，恢复传统技法是一个十分重要的问题，而且是从清代中叶以来早就存在的一个问题。因为明代和清前期常见的几种刻法，如圆雕、高浮雕、透雕、陷地深刻等，自清中叶以后，越来越少有人采用了。这些传统技法是古代艺术家们长期实践的结晶，它们富有表现力，是可以为今天的创作服务的，因而是应当学习继承的精华。以竹根圆雕人物来说，实际上就是雕像，和犀牙、木石、金铜雕像原无二致，只是用料不同而已。古代竹刻人物形象，尽管不少内容陈腐，但作者的精心雕镂，乃至神情的描绘，内心的刻画，往往使人赞叹。我们不能否认古代

竹刻许多艺术成就最高的作品，是在圆雕人物中发现的。为什么今天不能借鉴学习前人的刀工技法，用来塑造、歌颂今天的英雄人物呢？再说高浮雕，其立体感仅次于圆雕。经嘉定名手锤炼形成的精湛技艺，能深刻五六层，理路清楚，远近分明，内容繁而不乱，层次多而不紊；而且虽曰高浮雕，实际上还综合使用毛雕、浅刻、深刻、浅浮雕、透雕等多种技法。因此用它来刻制场面盛大，有人物、有背景的题材较为适宜，而这正是表现新题材所需要的。玲珑跳脱是透雕的特点。如用剔空的部分作为地子以间花纹，能产生强烈的反差对比。用此法来刻图案花纹，往往可以取得较好的效果。就是刻一般的景物，在适当的地方，采用一些透雕，也能予人疏朗空灵的感觉。香筒作为一种器物，已被时代淘汰，但前人运用在香筒上的透雕技法，却闪耀着才华智慧而有值得我们吸取的地方。陷地深刻可以说是一种另辟蹊径的刻法，等于把凸现在刻件表面上的高浮雕，一股脑儿地推进了竹材表皮之下，和高浮雕一样，也可以分出五六层。如果选用厚竹材，是大有用武之地的。尤其在深凹的部位，又留出竹材，镂镌高浮雕物象，予人出乎意想，奇峭清新的感觉。前人往往用陷地深刻雕镂荷花、蔬菜及折枝花果等，今天可以运用到更广泛的题材上去。

上述几种传统刻法如能恢复，便可以改变清晚期以来由于过多地追求书画的意趣，相对地损害了雕刻的本质，致使竹刻难于摆脱平浅单一的面目。我们还应当看到恢复传统刻法更重要的是能丰富表现手法，为刻制新题材、新内容服务。

五　认真解决竹刻的原料问题

雕制竹刻艺术品，缺乏适用的竹材，今天已成为一个有待解决的问题。我国竹材资源丰富，为什么会缺乏呢？这是因为雕刻艺术品，除了对竹子年龄要求老嫩适中，皮肉净洁无瑕外，还必须经过合理的外运方能合用。据吕舜祥所记嘉定的备材经验❶，竹子自伐下后，不经下水便运到作坊的，日后收缩性小，刻成不易开裂。惟山林运竹，多编成排筏，利用山溪，顺流而下，在运送的过程中，已饱浸水，用以刻件，收缩性大，容易开裂。多年来嘉定店坊为了解决这个矛盾，每年派人入山选购，然后请专人肩扛出山，这样可以避免浸水及擦伤。至于用来刻圆雕的竹根，更须入山选掘。因为竹根除作柴烧外，用处不多，竹农为了砍伐、运输之便，都把竹根截弃山中，所以只有进山才能买到。当时嘉定备材，每年都要花费一定的人力物力。嗣后竹刻业日渐衰落，备材不复认真考究，只就近向竹行购买，于是刻件多裂，声誉亦与日俱下云云。近年来，可能由于竹刻艺术品的需要量不大，不值得派专人为选购竹材入山，于是就发生了缺乏适用的竹材问题。今后备材如由工艺美术管理部门统一办理，有计划、有组织地入山选购，用妥善的方法运出来，分配给生产、教学单位使用，这个问题是可以解决的，也是不难解决的。

六　培养专门人才

恢复和发展竹刻的一项迫切任务是培养专门人才。因为雕制竹刻艺术品必须具备精湛的技艺，而精湛的技艺没有多年的刻苦钻研、辛勤实践是无法得到

的。当前的一个严重问题是若干位造诣较深的老竹刻家如上海的支慈庵、武进的徐素白、无锡的张韧之、福州的冯力远等，近年相继谢世。健在的几位名手也年事日高。目前能继承他们技艺的青年竹刻家，和对竹刻极为爱好，愿将它作为专业来研习的青年同志都不多，因而就应当及时考虑后继有人的问题了。

培养专门人才必须保护老艺人，采用设立机构、办研究所等办法。当然像这样专门的机构和研究所，规模必然是很小的，但却不能完全没有。有关机构要有决心，有计划，坚持不懈，随时注意发现有培养前途的青年人；鼓励他们，树立信心，认识到继承并发扬祖国这一专门艺术是光荣的，有前途的。学员最好从幼年就培养起，一是为了多学科目，绘画、书法、素描、雕塑等都应当学；学成后要求能自己设计起稿，自己雕刻。清代晚期竹刻水平下降，和多数竹人只会动刀，不会动笔，要依靠别人画样起稿有直接关系。二是为了能多工作几年，多创作出一些优秀作品来。因为竹刻费目力，如学时年岁已大，艺方学成，目已昏花，是极大的损失。经过认真培养并有思想觉悟、又红又专的专门人才，不仅能继承当代老一辈的娴熟技艺，恢复久已被人忽视的传统刻法，而且能有所发明，有所创造，把我国的竹刻艺术提高到一个前所未有的水平。

七　进一步研究防裂、防蛀、染色的科学方法

竹刻开裂是一个尚未得到很好解决的问题❷。竹刻并非一律都裂。许多古代制品，色如樱桃、琥珀，而完整坚好，光莹可爱。预防开裂，一在备材严

❶吕舜祥：《嘉定的竹刻》第三节《选材》，1958年12月云庐丛刊之四，著者自刊油印本。

❷嘉定的备材经验是不使浸水，金西厓处理竹材用沸水煮，二者似相矛盾。这正说明防裂尚无一致公认的传统有效办法。

格，二在保管妥善。传统的保管方法，要求温度、湿度变化小，避免风吹日晒，贮藏用函匣，每年稍用油脂润泽一两次。一件珍贵艺术品是值得这样精心护理的。

我国近年作为礼品或商品送往国外的竹刻，有的不免开裂，因此对竹刻外销有影响。致裂的原因和备材不佳、保管不当都有关系。备材责在刻者，今后可以认真考究。保管事在藏家，我们无法代为护理。不过今后外送竹刻，似可编印书面宣传材料，在阐述竹刻的历史源流、艺术价值之后，把保管方法也介绍一下，以引起收藏者的注意。

认真备材和妥善保管对防裂有较好的效果。但还可以用化学方法处理，使它不开裂，以今天科学技术水平而论，应当是不难办到的。这个问题解决好，可以简化艺术品的保管方法，延长工艺品的使用寿命，将对竹刻的今后发展起很大的作用。据研究文物保护的同志认为，采用减压抽真空的设备，用苯乙烯树脂或其他树脂渗透充填，可能是一种比较有希望收到成效的方法。我们深切盼望科研人员对竹刻防裂问题进行多方面的试验，使这一具有关键性的问题得到圆满解决。

防蛀和染色现在已经有比较好的方法，可以说已经过关了。不过对增加染色品种、简化操作过程、降低用料成本等方面还应作一番努力。这些方面的改进有利于竹刻生产，尤其是竹刻工艺品的大量生产。艺术品不可染色，染色等于作伪，必然损害它的价值。

八 开展其他促进竹刻发展的工作

其他可以促进竹刻发展的工作，一时想到的有以下几方面：

1. **整理研究** 有几种竹刻专著如《竹人录》、《竹人续录》、《嘉定的竹刻》等，应加标点，注释，辑成《竹刻丛书》出版。散见于前人诗文集、笔记杂著中的竹刻材料，也可以汇辑成书。对全国传世竹刻精品应进行调查、著录、拍摄，编成图录；并对不同时期及有代表性作家的刀法、风格等进行分析研究。《刻竹小言》所收实例太少，限于材料，是不可能这样做的。上述工作对竹刻知识的普及和技法的提高都是有帮助的。

2. **展览陈列** 在国内国外都应举办一些竹刻展览。有的博物馆可以布置竹刻专室或专柜陈列。国内展览、陈列的目的主要在学习借鉴，批判继承传统。国外展览目的在宣扬我国历史文化，把这一专门艺术介绍给世界各国。它对开展外销业务也能起一些作用。

3. **学习观摩** 应组织有各地老中青艺人及业余爱好者参加的技艺传授和经验交流会。

以上是目前想到的为恢复和搞好竹刻应做的一些事。如能注意及此，认真去做，我们相信竹刻将会有一个快速而巨大的发展，为丰富人民的精神和物质生活，支援国家建设，实现四个现代化作出贡献。

1980 年 4 月

此君经眼录

晋王徽之寄居空宅，便令种竹，曰"何可一日无此君！"自此多称竹曰"此君"。竹种类甚繁，故此君之貌多异。斫而制器，并施雕镂，又因制者性情、意匠、技法、题材之异而异，于是此君之貌不可胜述矣。以下皆近年所见，随手记之，渐积成帙，名之曰《此君经眼录》。其中所收竹刻，多为公私藏家所有，或蒙慨允拍摄实物，或承提供照片、拓本，或经同意翻拍出版物，始得编次成册。尤以香港诸公所藏当代名家之作，有劳嘉木堂主人代为摄制彩片，费神良多，谨于此一并深表谢忱。

——王世襄　1996年12月

图1 西汉彩漆龙纹竹勺

《长沙马王堆一号汉墓》描述此勺甚详，录引如下："二件。出土于北边箱。竹胎。斗以竹节为底，成筒形；柄为长竹条制成，接榫处用竹针与斗相联结。斗内红漆无纹饰，外壁及底部黑漆地，分别绘红色几何纹和柿蒂纹。柄的花纹分三段。近斗一段为一条形透雕，上为浮雕编辫纹，髹红漆。中部一段为三条形透雕，上有浮雕编辫纹三个。柄端一段红漆地，上面浮雕龙纹；龙身绘黑漆，鳞爪描红，作奔腾状。"（见《上集》页82）

按两勺为现知时代最早且保存较好之竹雕，竟已一器而兼备浮雕、透雕两种技法。明清竹雕每用竹节横膈作底，亦已见用于此时。

湖南省博物馆藏
长64.2厘米

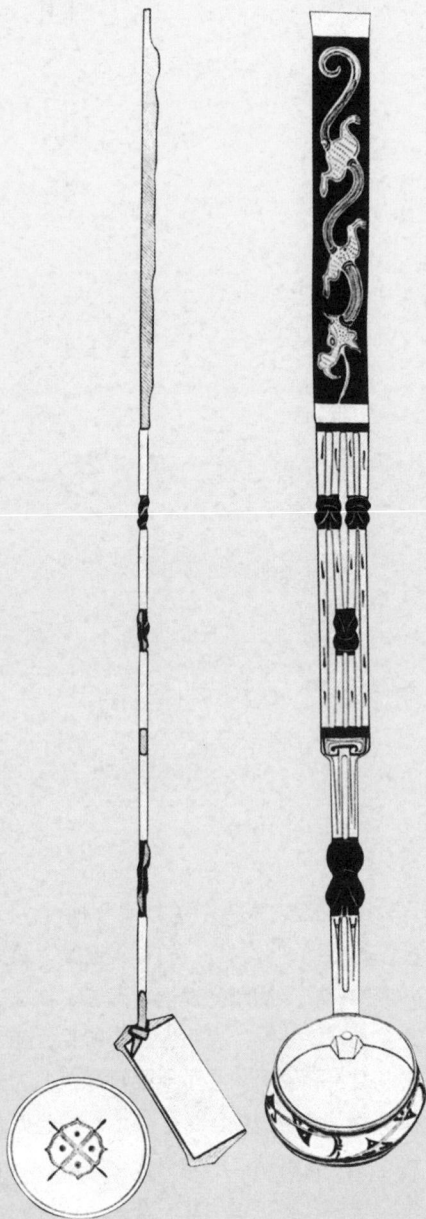

图2 西夏竹雕人物残片

残片出土于银川西夏八号陵。据《发掘简报》称："器表雕出庭院、松树、假山、窗、花卉和人物。左上角有一圆孔，可能是盘类边缘装饰的一段。"（见《文物》1978年第8期）惟图片所示，无松树、假山诸景，残片似未照全。刻法以卷草及方格锦纹等作地，上压浮雕花纹，凸起较多，高下已有数层。宁夏不产竹，残片制地可能在江南。

《简报》推断陵为西夏第八代皇帝李遵顼葬地（卒于宋理宗宝庆二年，公元1226年）。由于时代亦当南宋，器形又为薄片，使人联想宋高宗时詹成所刻鸟笼："四面皆花版，于竹片上刻成宫室、人物、山水、花木、禽鸟，纤悉俱备，其细若缕。"（见元陶宗仪《辍耕录》）明以前竹刻稀有，残片何殊凤毛麟角，弥足珍贵。

宁夏回族自治区博物馆藏
残长7厘米　宽2.7厘米　厚0.3厘米

图4 明朱三松荷叶式水盛

台北故宫博物院藏
高6.6厘米　宽8.2厘米　纵13.8厘米

名虽曰"水盛"，难以贮水，实为案头文玩。意匠镌镂，并臻佳妙，三松竹根制器，未见更胜此者。

器以深秋荷叶为主体，边卷欲枯，虫蚀透漏，筋脉叶内浅镂，叶外隐起，无不逼真。旁侧凹下处，着一小蟹，仿佛郭索有声。叶底盘梗，斜出一花，红衣零落，蕊老莲成。花瓣肥短，与窥简图笔筒瓶中所插者，纵有圆雕、浮雕之异，形态则十分相似。二器乃出一手，可以为证。款识"三松制"阴文行书，刻在叶底。

图3 明朱小松刘阮入天台香筒

香筒雕东汉时刘晨、阮肇入天台山遇神仙故事。1966年于上海宝山县顾村镇朱守诚夫妇墓出土，上距明万历入葬时已有四百年。安奇撰专文载《文物》1980年第4期，论述甚详，今录引其描绘图景一段：

在盘屈的古松、荦确的山石下面，一个男子正与一位女郎对弈，另一男子则居中观棋。对弈的男子左手托棋子钵，右手已将棋子下毕，置于枰边，眼神紧紧盯住对方右手下的一角棋枰，凝神注目。对弈女郎，面容秀美，高髻宽袖，右手以食、中二指夹持一子，安详专注，似欲投下。中间观局的男子，左手捻须，右手托颐，双目注视着女郎的右角棋枰，似欲品评。这三个人物的注意力都集中在这一角，女郎手中的这一着未下之棋，就成了全局的中心注目的焦点。然而在他们的周围，气氛却又是那样的幽静。棋局的左边，盘曲的松干之后，则是半开的洞门。门匾上刻阴文"天台"二篆字。后有阴文"朱缨"和阴刻方印篆文"小松"。洞门口一女郎手执蕉扇，俯视着脚边的梅花鹿和仙鹤，若有所思。画面上那深邃多孔的山石，盘旋高大的松树，倒悬攀附的常春藤，松根旁的灵芝草，……栩栩如生的人

上海博物馆藏
高16厘米　径3.6厘米

物和幽邃神秘的景色交相辉映，织成了一幅动人的神话图景。

1979年过沪，承上海博物馆出示香筒，幸获谛观，叹为竹刻无上精品，第一重器。香筒为出土文物，有确切年代，更因其绝精，故知其必真。传世小松之作，构图之美，刀法之工，无一可与比拟。人物眸子及枰上棋子用深色角质嵌成，当为犀角，竹刻中尚未见第二例。香筒不仅为小松之代表作，亦为朱氏三代，乃至嘉定早期竹雕树立典范，可作为鉴定真伪、辨别优劣之标准。其重要自不待言。例如故宫博物院旧藏、现在台北之小松款羲之书扇笔筒，据此香筒即可断定其为赝品无疑（见《故宫文物》总第19期，台湾出版）。

传世香筒，底盖每多脱落，或经改装，故难知其原状。今据此器，可略言其使用情况。褚松窗《竹刻脞语》曾道及诗筒及香筒：

截竹为筒，圆径一寸或七八分，高三寸余，置之案头或花下，分题斋中咏物零星诗稿，置之是中，谓之诗筒，明末清初最多。圆径相同，长七八寸者，用檀木作底盖，以铜作胆，刻山水人物，地镂空，置名香于内焚之，香气喷溢，置书案间或衾枕旁，补香篝之不足，名曰香筒。国初至乾嘉极尚之，所见周芷岩刻山水者极多。迨古剌水自澳门输入，晶罂金罐，沾溉巾帨，香筒遂归淘汰矣(见《竹人续录》，1930年排印本）。

褚氏邃于金石之学，旁及竹刻，见识甚广，所言“以铜作胆”，定有所据。有此设置，何殊藏炉于竹，香饼香末，均可焚爇。今此器久藏地下，完整无损，虽未见铜胆，但底盖内壁中心，均有小孔，安奇指出乃为插线香而设。证以高濂《遵生八笺·二宜床》条所云“帐中悬一钻空葫芦，口上用木车顶盖钻眼，插香入葫芦中，俾香气四出”，正相吻合。

上述两种焚香方法，尽可并存。惟检视传世香筒，中有香烟渍痕者，百不一见。良以雕镂既精，遂不忍用以爇香，恐遭烧损煴裂。想只用以贮素馨、供把玩，必大有人在也。

图5 明三松款仕女笔筒

台北故宫博物院藏
高15.7厘米　径14.7厘米

笔筒正、背面分刻室内、室外两景。室内仕女四人，一倚屏风，一捧卷轴，一持如意，一理瓶花。圆窗洞开，垂松可见。瓶后横榻，簟纹宛然。左右以山石老松分隔，转为室外之景。仕女三人，一坐锦荐吹洞箫，一挡琵琶，一持扇立听。石间阴刻"三松"两字行书款。

此器迭经台北故宫出版物刊印，题为朱三松作。所据除款字外，乃因题材为仕女，又有屏风、床榻、瓶花诸事，与三松代表作窥简图笔筒颇多似处。惟经比较玩味，难免不生疑意。首因正、背两景，室内优于室外。后者山石松树，生涩疏拙，刻者胸无章法，有不知如何下刀之憾。进而对比室内景物，窥简图屏风阴刻树枝禽鸟，妥帖有致；此则垂枝冗乱无力。窥简图瓶荷花叶如生，有立体感；此则花瓣碎如秋菊，叶片平如镂盖，全无状物之能。两器相去悬殊，讵能同出一手！今为题名曰"三松款明仕女笔筒"，乃谓笔筒为明人所作，可勿置疑，但未敢遽信为三松手制。世有鉴者，或不河汉斯言。

图6 明张希黄南窗遐观图笔筒

笔筒刻行书七行,节录《归去来辞》之一段,故所图为陶令宅,倚窗者乃渊明先生。墙外有孤松挺立,想先生所抚者即此。与前一器楼阁山水相较,夹叶树多种,独无垂柳;山石轮廓皆方折,其下铲薄青筠,再以刀尖挑出细点,以代皴擦,亦与前器之山石玲珑多穴,只假青筠之多留少留状阴阳凹凸大异。可见同为留青山水,而希黄之刀法变化正多也。

上海博物馆藏

图7 明仲谦款竹枝笔筒

笔筒刻垂竹一梢，颇有雨意。枝则由粗而细，逐节歧分，直至梢尖雀爪。叶则或向或背，或疏或密，组合分明。枝叶之间，生长连属，谨严有法，俨然李息斋双钩竹画本，生动自然，颇耐观赏。竿侧惜为妄人加"仲谦"款，字迹矜持太甚，一望可知为后刻。伪款虽玷累美器，但无伤刻工之艺术水平。

北京故宫博物院藏
高14.6厘米　径6.9厘米

图8 明濮仲谦款古松形壶

北京故宫博物院藏
高12.3厘米

传世竹刻，镌有大家款识者，朱氏祖孙最多，次为濮氏仲谦，惟其真者千百不得其一。

此壶有仲谦款，老干为身，蟠枝成柄，断梗作流，灵巧古朴，兼而有之，其为竹雕精品，自不待言。惟究竟是否为仲谦手制，尚在疑似之间。前代论者多推崇濮氏不事雕琢为奇，略施刀凿便得自然之趣。此壶乃经精镂细琢而成，显然不相符合。倘有佳器，款识自然，而风格意匠又与前人论说吻合者，则可视为仲谦之代表作矣。

图9 明沈大生蟾蜍

香港麦雅理先生藏
高6.7厘米 纵7.6厘米

蟾蜍张口吐舌，得"其怒如虎"之势。舌另装，两旁有钉横出，伸入口腔暗孔，以此为轴，触之可动，上下翘跌。背负小蟾蜍二，匍匐相向，腰拱腹鼓，形妙神全。其一口衔枝叶，似为野果。底面竹膈上刻行书款："天启三年仲冬，禹川沈大生制。"旁有"元之"阴文印。笔意自然潇洒，必真无疑。

据《竹人录》，"大生字仲旭，又字禹川，两之之叔，业医。工朱氏雕镂法，诗画俱洒脱不凡"。

图10 明沈大生庭园读书图笔筒

竹材椭圆形，刻者就宽阔一面构图，借以广拓画境。右侧松石在前，却居陪衬地位。松后圆门洞开，主题尽摄其中，虽近若咫尺，乃是隔墙庭院。设旁景推远主题，借掩映增添层次，浅剔深刳，透凿圆削，各尽其妙，正是禹川所宗的"朱氏雕镂法"。

洞门外碧梧如洗，写出新秋景色。梧下两女子一坐一立，中横桌几，摊书对读。右有圆凳石案，上陈瓶花、书函、香炉等数事。槛外芭蕉二三茎，绿意甚浓。款识阴刻"禹川沈大生制"六字。

此器原藏沪上锡卿李氏，曾印入《嚼雪庐自玩竹刻》一书。

上海博物馆藏
高14.9厘米　最大径15.5厘米

图11 明无款乐舞图笔筒

高16.6厘米 径12.5厘米

屏前一女蹈足挥袖，翩翩起舞。奏乐者六人，围簇左右，或坐或立，分司三弦、檀板、簧笙、堂鼓、汤锣、横笛诸器。屏后阑干一曲，几案双横，上有瓶荷、犀杯、果盘、囊琴等。旁置兽炉熏笼，陈设华丽。刀法纯用朱氏高浮雕，精美虽不及三松，但可断言为明代嘉定竹人所制，视前例仕女笔筒，全无逊色。

图12 明无款竹雕卧狮洗	图13 清吴鲁珍松荫迎鸿图笔筒
卧狮丰颅阔鼻，瞋目而视。长尾歧分两股，一股盘旋于胯侧，一股横贯狮口而回转于腮颊。造型古拙而意匠新奇。竹色深紫，棱角泯灭，自是数百年前物。	老人坐松下，解衣般礴，右手持履，左手按地，翘首仰望，须髯飘然。一鸟掠空而来，恰与目会，送之而逝。 　　松树刀法及远景平拖，与采梅图笔筒相似。款字阴文"槎溪吴之璠制"六字，为鲁珍真而且精之作。

广东民间工艺馆藏
高4厘米　长7.5厘米

上海博物馆藏
高15.1厘米　径8.9厘米

图14 清吴鲁珍二乔并读图笔筒

两妇高髻，一持扇坐榻上，一坐杌子，手指几上书卷，似在对语。榻上陈置古尊，插牡丹一枝，旁有笼、篋、炉、砚、水盂、印盒等文房用具。刀法用高浮雕，与东山报捷黄杨笔筒均可视为吴氏继承三朱刻法的作品，而与其自创的"薄地阳文"浅浮雕面目不同。

背刻阳文七绝一首："雀台赋好重江东，车载才人拜下风。更有金闺双俊眼，齐称子建是英雄。" 款识"吴之璠"，下有"鲁珍"方印。

上海博物馆藏
高15.4厘米　径12.4厘米

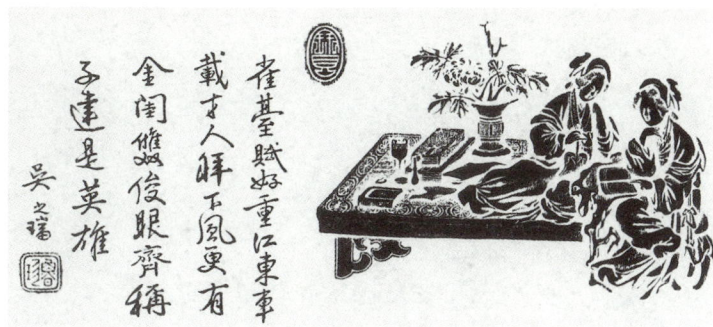

图15 清吴鲁珍刘海戏蟾图笔筒

高15.3厘米 径7厘米

一人散发嬉笑，解衣蜷足坐帚上，指夹铜钱，面对地上三足蟾蜍，是所谓"戏蟾图"。

《乾隆御制诗集》第五集卷二四有《咏吴之璠竹刻海蟾笔筒》一首。诗曰："一帚扫清三界尘，戏蟾犹自不离身。《还金篇》与伊谁论？ 仿佛其人道姓甄。"按宋道士甄栖真有《还金篇》，与戏蟾无涉，弘历不过借以足成一诗而已。

试检史籍，戏蟾者或谓刘海，或谓刘海蟾。

刘海，康熙本《凤阳府志》载为唐时蒙城县人，只言"旧传呼刘海于县治西北井中"，未及戏蟾事。

刘海蟾，宋初人，见李石《续博物志》，亦见《湖广总志》，均无只字道及戏蟾蜍。前者经《谈征》（清西厓撰，嘉庆二十年柯古堂刊本）录引，末有案语："今俗画小儿足踏蟾蜍，可笑也。"后者经《通俗编》（清翟灏撰，《函海》本）录引，末谓："海蟾二字号，今俗呼刘海，更言刘海戏蟾，舛谬之甚。"

民间神话，本属子虚，演变成图，多不胜数。 刘海戏蟾故事，明代已甚流行，吴伟等浙派画家每图之。至清则妇孺皆晓，且由持钱戏蟾发展成为足踏蟾背，双手挥舞钱串，乃至店铺用作牌匾招幌。因事关民间工艺，故信笔及之。

图16 清吴鲁珍东山报捷图黄杨笔筒

北京故宫博物院藏
高17.8厘米　径13.5厘米

　　吴之璠虽是竹刻名家，但偶亦采用其他物料，雕制成器。此黄杨老干，莹润如玉，且因中实多肉，可恣意深刻，人物高起处已接近圆雕，惟其用刀实与刻竹无异。

　　二老就松下磐石对弈，观棋者一人，女侍三人。背面两骑驰来，一人手执小旗。所刻为"东山报捷"故事。史籍载前秦苻坚犯晋，京师震惊。谢安为征讨大都督，指挥将帅谢玄等大破坚军于淝水。驿书报捷，谢安在东山方对客弈棋，了无喜色，弈如故。款识"槎溪吴之璠"，下有"鲁珍"方印。

　　石壁光洁处有乾隆丙申（1776年）弘历题七绝两首。末两句为："对弈人间若无事，传神是谓善形容。"对鲁珍描绘谢安镇定自若之妙，推崇备至。

图17 清松溪浴马图笔筒　　　　　　图18 清荷杖僧图笔筒

　　僧貌如满月，笑容可掬。指拈念珠，肩荷禅杖，挂草编圆荐，似一路行来，到处皆可随喜踊坐，念佛加持。

　　背刻六言诗一首："和尚肚皮如瓮，眼儿笑得没缝。布袋朝暮提携，手中不知轻重。问渠袋者何物？一气阴阳妙用。"款"吴之璠制"四字。布袋与草荐悖谬，书法刀工均不佳，故知诗乃妄人后刻。至于刀法，确与吴氏"薄地阳文"相近。

北京故宫博物院藏
高17.3厘米　口径9.4厘米　足径9.2厘米

北京故宫博物院藏
高17厘米　径14.5厘米

　　山溪水清松茂，刻人马三组。其一两马已浴毕，憩息坡草间，一马围人方牵之出水。其左围人于松下饲马。复左三人倚松观滚马。布局之妥帖，刀法之娴熟，非鲁珍不能措手。惟款识"吴之璠制"阴刻四字，失在矜持，经与前两例相较，未敢遽断其为原款抑后刻。

图19 清封义侯竹根罗汉像

上海博物馆藏
高15厘米

罗汉坐在石上，眼合口张，叉手下按，两臂已直，其体倦则伸，呵欠忽作之一刹那，竟被刻者尽摄刀下，以至足指叩、翘之微细动作，亦攫捉无遗，传神之妙，叹为观止。款在背面左下石上，阴刻"封锡禄造像"五字。义侯之作，今可信为必真者仅此一件，弥足珍贵。

图20　清无款竹根罗汉像

北京故宫博物院藏

竹根圆雕罗汉与此相类者尚有香港毕氏所藏之降龙罗汉（见叶义、谭志成合编《中国竹刻艺术》上册彩图三八）、北京翰海拍卖图册（1995年10月古董珍玩册第1124号）刊出之伏虎罗汉。三件不仅题材、造型近似，细部如容貌、衣褶亦意趣相同，而尤以两虎之头颅脊骨、三像所御之靴更为一致。故疑乃出一手。其艺术水平虽不能与朱三松之老僧像封义侯之罗汉相比，亦不愧为嘉定能手。作者时代当在十八世纪上半叶，乾隆以还，已罕有人能作此圆雕矣。

图21 清无款渔家婴戏

竹编鱼篓，侈口大腹。两婴攀登，相对嬉笑。娇憨之态，状写得神。虽未见款识，亦知作者为嘉定高手。

上海博物馆藏
高5.9厘米

台北故宫博物院藏

图22 清周芷岩溪云山阁图笔筒

迎面山壁，突兀斜撑，有横空而出之势。后露山庄，筑台基上，瓦屋两进，庭院颇深，丛林围匝，远入山坳。台前植短栏，下临涧水。沿涧石径，自远而近。两人行来，将至桥上。桥右山石碨磈，长松秀茂。涧水至此开阔，浅流成濑。山村依岩傍水，跨濑构宅。轩窗敞处，人物可数，或对坐，悦亲戚之情话，或倚槛，听山水之清音。此右又有巨石崛起，与山壁如双阙对峙，展示其间者正一幅佳山水也。题字在石壁上，行书"溪云山阁，乾隆辛卯秋日仿古，芷岩"。

画家有"三远"之说。此作平远难言，高远、深远则随处可见。且刀痕繁密，不留隙地，盖芷岩着意游刃，写胸中之丘壑烟云，故以景胜，不仅可供卧游，并使人生卜居此间之想。其能臻此，实与画宗石谷有关。不妨设想，倘芷岩师法麓台，即使刀刀如金刚杵，有笔而无景，恐亦无足观矣。

图23 清周芷岩松壑云泉图笔筒

石岭嵯峨，洞窟深邃，山泉涌出，竞泻争流，倏为大幅烟云所蔽，自此弥漫缭绕，尽情舒卷，谷为之盈，岩为之翳。构图奇诡，丘壑不凡，自与疏林亭子，浅水遥山大异其趣，在芷岩所刻山水中，信是精心之作。

款识"乾隆甲子长夏芷岩制"。甲子为乾隆九年，公元1744年。

上海博物馆藏
高14.9厘米　径11.5厘米

图24 清周芷岩竹石图笔筒拓本

画石用折带皴，石后风竹两竿，弱筱一丛而已。经墨拓更能见所谓"用刀如用笔"的刻法。

笔筒题诗一首："莫讶疏狂不合时，清泉白石是心知。闲来爱倚西窗伴，笑听秋风搅竹枝。乾隆八年癸亥仲春过就兰山房写此。芷道人。"按诗中第三句之"伴"字，似应作"畔"，当为笔误。

上海博物馆藏
高14.8厘米　径8.9厘米

图25 清周芷岩竹石图笔筒

叶恭绰先生旧藏
高11.7厘米　径5.1厘米

钱大昕《周山人传》称芷岩"尤好画竹，兴酣落笔，风枝雨叶，无不曲肖"。王鸣韶《嘉定三艺人传》称其"尤长于竹，风雨雪月，短长欹侧，皆入逸品"。今据芷岩画本及刻件，知所作多为竹石小景，非宋元人之墨竹或双钩竹。正因芷岩能将文人画再现于竹上，故誉之者称其"用刀如用笔"，"以画法施之刻竹"。其刀法为一般阴刻，与明及清前期之高浮雕或深刻多层者不同。竹雕风格至清中期而一变，于芷岩此等作品中可知其消息。

图26 清潘老桐铭笔筒 | 图27 清潘老桐刻黄瘿瓢画寿星臂搁

广东民间工艺馆藏
高11.5厘米　径4.5厘米

叶义先生旧藏，现藏香港艺术馆

　　潘西凤喜用废弃竹材，削制成器。人谓濮仲谦治竹，"略刮磨之即巧夺天工"，亦可移赠老桐。此件取材竹根数节，稍经裁剪揩磨，竟朴雅可爱。铭文刻在两处虫啮瘿痕间：

　　"虚其心，坚其节，供我文房，与共朝夕。"款"老桐"二字。

　　寿星位在臂搁下半，款字行书"瘿瓢山人作"五字，下有"黄"、"慎"小方印二。上半李复堂题字："嘉祐八年冬十一月，京师有道人游卜于市，身首相半，不为常类。饮酒无算，未尝觉醉。好事者潜图其状，达帝引见，赐酒一石。饮及七斗时，司天台

奏：'寿星临帝座。'忽失道人所在。帝嘉叹久之，命珍重是图，与民同寿。雍正强圉协洽之秋，复堂李鳝书。"下有"宗扬"长方印。右下角有"西凤"圆印。

　　此为三家合作，黄画李题，潘氏镌刻，时在雍正五年，公元1727年。

图28 清潘老桐竹石菊花笔筒

湖石一峰，瘦透多骨。左竹右菊，相映成趣。款识阴文"雍正四年春三月，天台茣姥山樵潘西凤制"，篆文"西凤"方印。按"茣"为古"天"字，"茣姥山"者，天姥山也。

观其留青刻法，湖石与张希黄楼阁山水笔筒差似。菊花花瓣及叶背，竹肌甚少外露；叶正面则露肌多而留青少。晕褪变化，生动自然，如水墨之具五彩。据此得知老桐不仅善随手刂削即成妙器，亦擅精雕细琢，灿若图绘也。

上海博物馆藏

图29 清潘老桐梅花臂搁

　　阴刻梅花两枝，得疏影横斜之致。画者未题名，只"老桐刊"三字。按当时扬州画友如金冬心（农）、汪近人（慎）、高西唐（翔）皆擅梅花，老桐倩人作画固易，而自打稿想亦能优为之也。

　　臂搁为李锡卿先生竹藏楼中物，1941年曾珂罗版影印《嚼雪庐自玩竹刻》，所收不下数十器。李氏乃一耽爱竹刻鉴藏家，不可不记。

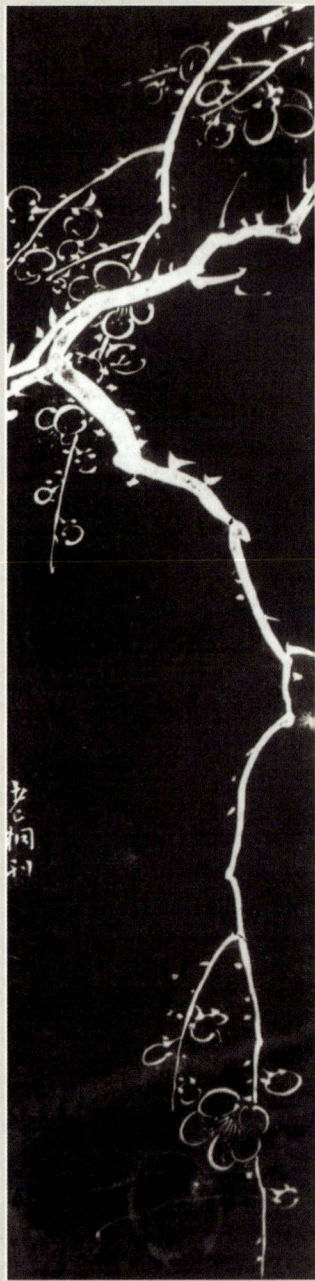

图30 清潘老桐刻蔡嘉绘人物紫檀笔筒

高12.3厘米　径10.9厘米

　　笔筒浅刻一叟，戴巾帽，衣宽袍，袖手而立，若不胜其寒者，紫檀致密莹滑，故运刀与刻竹无异。

　　背面有题诗及款识："路入寒梅江树斜，十分浓雪一分花。野人能奈三更冷，明月空山问酒家。雍正岁次乙巳小春月，诸君同集卧秋草堂，老匏赋诗，雪堂写意，药溪作书，老桐法镌。"按老匏名朱冕，雪堂为蔡嘉，药溪名汪宏，皆扬州名士。当年艺苑风流，可以想见。乙巳为雍正五年，公元1727年。

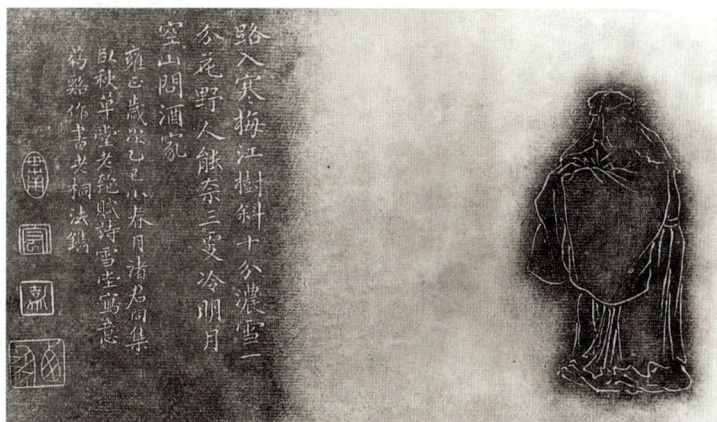

图31 清无款松形竹根杯

竹刻之艺术

叶义先生旧藏，现藏香港艺术馆
高11.5厘米

杯就竹根之形雕成老松，龙鳞错落，虬枝蟠屈，俨然千岁物。选材既佳，刀法复寓巧于拙，虽无款，当出清初名家之手。类此杯、洗、罍、盒，自三朱以来，制者颇多，因天生竹材各异，故无完全相同者，而精美如此，殊不多见。杯内原镶银里，已脱失，口际尚有胶漆痕迹可寻。

图32 清无款竹根禾蟹

叶义先生旧藏，现藏香港艺术馆
长12厘米　宽5.5厘米

　　此又为写生之作，仿佛
曾遇之于田塍间。秋禾一穗，
环匝蟹下，大有学问。试思无
此衬垫，八足爪尖，一一外
露，不仅有碍把玩，且纤脆易
折。惟以何物衬垫，必须自然
合理，始能浑然天成，融会一
体。禾穗之用，看似俯拾即
是，实经制者苦心思索也。

图33 清无款赤壁赋笔筒

竹材径粗肉厚，故得深雕。赵昕《竹笔尊赋序》所谓"因形造境，无美不出，洼隆浅深，可五六层"，于此可见。镌刻不甚精细，但危崖峭壁，老树虬松，汹涌江湍，舒回云霭，无不得心应手，游刃有余。引人注目尤在笔筒上口依景起伏，突破平切常规。足见器形变化，可随人意，不仅臂搁一种不受定格拘束也。

叶恭绰先生旧藏
高15.9厘米　径19.8厘米

图34 清半山款竹枝臂搁

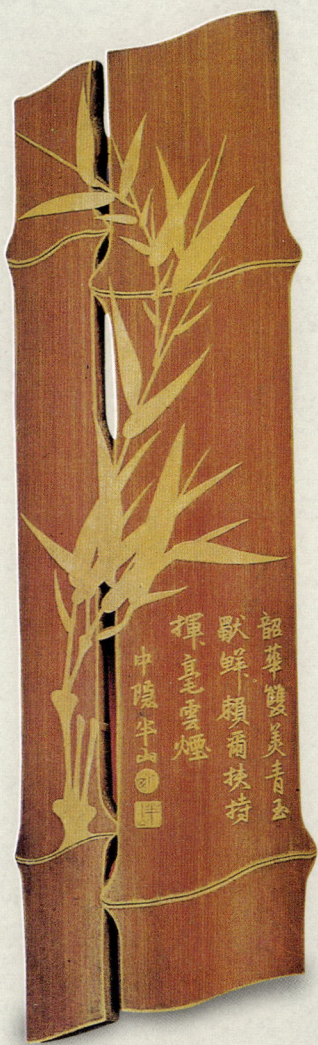

台北故宫博物院藏
高14.8厘米　宽4.4厘米

　　两竿相并，新篁一枝，穿插其间，使臂搁一分为二，又二合为一，其突破简板式常规，视随形老松臂搁，更见匠心。

　　竹枝用留青刻成，竹节及两竿边缘均留青筠一线，倍觉跳脱精神。铭文四句："韶华双美，青玉独鲜，赖尔扶持，挥毫云烟。"款字"中隐半山"，下"竹窗"、"半山"两印。作者姓氏、行实均待考。镌制年代当在乾、嘉间。

　　此器一向题名为"竹枝臂搁"，实则竿多于枝，且其特点在两竿并立。倘从铭文中拈"青玉双美"四字为名，似较典雅贴切。

图35 清无款松形臂搁

臂搁以上下两端齐、左右双边直为常式。此取松干扭曲之形，枝梗生发又自后转前，遂突破常规，别饶新意，耐人赏玩。其造型设计，右凸而左凹，乃为作书者着想。腕凭其上，指下空间开敞，运笔较便。

论其细部，松针团集，源出北宗山水，仍依朱（小松）、吴（鲁珍）矩蒦。松鳞则大小均作双圈，自不及或单或双，或深或浅，错落参差，有变化而得生趣。与前例松形杯相比，未免逊色。

高20厘米

图36 清无款竹根卧马

台北故宫博物院藏

卧马高而且厚，丝纹点点，布满全身，定知其取材竹根。惟不见丝毫竹节痕迹，竟难测所用为竹根何部。尤可贵者，卧马形态自然，绝无迁就竹材之憾，可知求材难，善于用材更难。封毓秀诗曰"取材幽篁体，搜掘同参苓"，是深知个中甘苦语。晚清以来，竹人徒知取竿筒而弃根节，圆雕佳制遂不复有矣。

图37 清无款竹根刘海戏蟾像

刘海解衣般礴，张口憨笑，一手持钱，一手按地，蟾蜍缘膝攀登，欲上未上。除无竹帚外，景物与吴之璠笔筒相同，时代亦不能相去太远。

高6.2厘米

图38 清无款竹根牧童卧牛

牧童跂牛背，右手按绳，左手持鞭，耳大面圆，肥硕可爱。卧牛仰头伸颈，掀唇舐舌，瞳睛上翻，青少于白，饱食反刍，每作是态。余往岁放逐向阳湖为牧竖，与牛共晨夕者三载，故能知刻者审物攫神之妙。

底座略似枯槎，与童及牛乃用三竹雕成。

美国乐兹先生旧藏
现藏美国丹佛美术馆
长31.8厘米

图39 清无款竹根牧童卧牛

台北故宫博物院藏

七竹文艺展录

　　与前器题材全同。惟前者牧童持鞭踞牛背；此则斜坐按牛角。前者牛体硕而长，年事已高；此则头大躯短，尚有稚气。前者形象处处逼真，用写生手法；此则不受比例约束而有浪漫主义色彩。二者意匠、风格，各有不同，故情趣亦异。去一不可，只得并收吾录。

图40 清无款竹根骑驴老人像

此像原题张果老骑驴，但老人既未倒骑，又未怀抱渔鼓，何以知为张果老。绘画雕刻乃至一般工艺品题名每喜附会历史人物或神话传说，实对创作者之大不敬，未见其可也。驴探头似将就饮，老人双手勒缰，意欲止之，造型准确，神态佳妙。

北京故宫博物院藏

图41 清无款牧牛图笔筒

竹根偏欹，刻者借势刻成山坳，复从山坳取得竹材，用高浮雕法镂成牧童放牛图景。牛后一树，树本亦为高浮雕，但枝叶凸起甚微，以至此只能用竹材表层，不得再深雕入肉。玉工借材取景，名曰"巧做"。竹人治竹，理复相通。故宫别有驴背寻诗笔筒，雕法与此相同，疑出一手。

北京故宫博物院藏
高14厘米　口径7.6×9.9厘米
底径9.3×12.1厘米

图42 清无款驴背寻诗图笔筒

北京故宫博物院藏
高13.2厘米

竹根偏欹，刻者借势刻出山坳，复从山坳取得竹材，用高浮雕镂成负翁塞卫，抱琴奚童。玉工所谓"巧做"，亦见于此。左方坡石、长松，浮雕自下而上，愈高愈浅，乃至以极薄留青刻松梢枝叶。更上云气，则用阴文浅刻。一器而博采众法，甚见巧思。其制作年代，当在清中期或稍晚。

图43 清无款竹根三羊

北京故宫博物院藏

两羔一跪母背，一嬉胸前，极母爱儿憨之态。此器原题"镇纸"，殊不知竹质甚轻，岂堪用以镇物。只可陈置案头供把玩耳。

图44 清无款竹根佛手

就竹根底端雕枝叶，以上
镂果实。佛手指列外周，竹根
中虚，故无碍于造型。物状与
竹材相宜，无怪佛手为竹雕常
见题材。其表面用细密横向凿
痕写皱皴，不甚逼真，第其年
代可能早于并蒂一例。

叶义先生旧藏，现藏香港艺术馆
长33厘米

图45 清无款竹根并蒂佛手

叶义先生旧藏，现藏香港艺术馆
长17.5厘米

佛手并蒂双生，当用两株竹根雕制，另镂果枝，插入蒂部，天衣无缝，宛若天成。尝谛观刻件而难寻其粘嵌痕迹，推以物理，似又非如此不为功。佛手表面镂出无数小起伏，益以密点，大有真实感。定曾对果追摹，始克臻此。

图46 清无款环佩纹臂搁 　　　图47 清无款鱼跃图臂搁

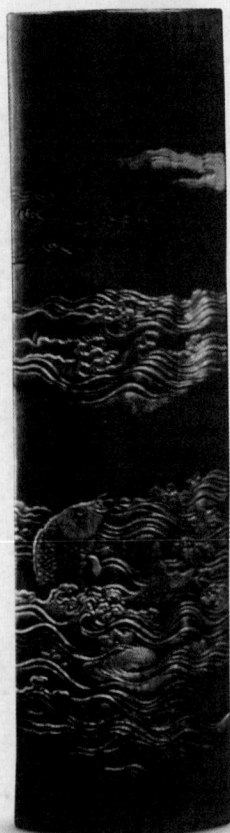

北京故宫博物院藏
高24.1厘米　宽6.6厘米

北京故宫博物院藏
高25.9厘米　宽6.8厘米

臂搁刻古玉环佩三组，每组两件或三件不等，交叠隐现，错落有致。其用留青刻成者，仿佛鸡骨白，浮雕刻成者，又润滑澄透。故不仅文饰美好，且予人以质感。边缘镌凤纹，亦典雅可喜。

远景海水滔滔，旭日初升。近景惊涛骇浪，巨鲤腾跃，间以落花，随流回旋。按落花游鱼为明代工艺常见图案，此则与鲤跃龙门，糅合为一，故不多见。

留青最宜表现闪烁有光物体，作者取以刻画海水金鳞，可谓知法善用。

图48 清溪堂水仙诗臂搁

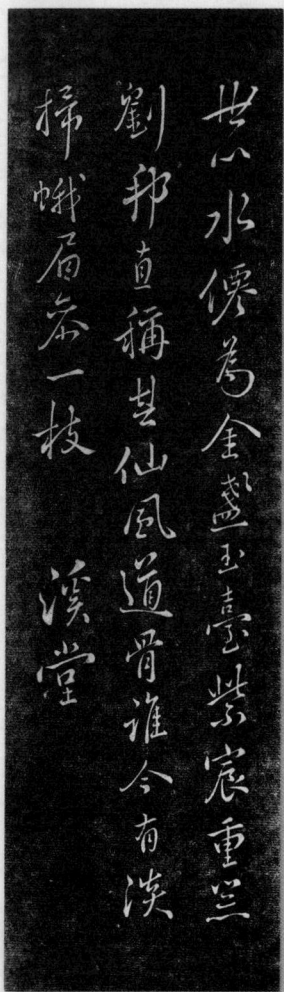

阴文深刻行书三行。文曰："世以水仙为'金盏玉台，紫宸重器'。刘邦直称其'仙风道骨谁今有，淡扫蛾眉参一枝'。"款字"溪堂"。书法潇洒自如，略似板桥而较平淡。波磔刀口快利而字底圆熟，甚见功力。据其时代风格，当作于乾隆时期。

"溪堂"何许人，为别名或室名，为臂搁书者抑刻者，或书而兼刻，均待考。

高31厘米　宽7.5厘米

图49 清无款折枝蟠桃双蝠洗

故使桃枝回环，留出根材，雕成蟠桃。刳桃中空，是为盂。益以卷转之叶，使枝、桃多处连属，宛若生成，构思不谓不巧。惟盂口镂双蝠，寓意吉祥，遂使案头清供，成为一般工艺品，未免有损品格。尤以将根尖削作小桃，斑痕累累，全不相似，是为用材不当之过，大为此器减色。持朱小松残荷洗及无款禾蟹与此相较，不仅见高下之分，亦有雅俗之别也。

上海博物馆藏
高11.5厘米　纵29厘米　横15.5厘米

图50 清陈曼生梅子冈诗臂搁拓本

阴刻五古一首。诗曰："引眺梅子冈，林端曲盘上，虽无一鹤随，已与孤云往。飞瀑畅秋源，前山开翠幌。又手立移时，庵门揭茶牓。"款"陈鸿寿书"，下"曼生"一印。书法排奡劲峭，神采照人。按梅子冈在四川雷波县西。诗中所云是否即此山，待考。

褚松窗《竹尊宧竹刻脞语》称："余曾见许小岩观察有一烟筒，以竹为之，半刻梅花，陈曼生所画，其下半刻铭，……款云'曼生自铭并刻'。"是曼生不仅工书画，善制壶，兼擅刻竹。此臂搁未署刻者姓氏，或曼生刻以自娱者欤？

高28.9厘米　宽6.4厘米

图51 清邓用吉渊明赏菊圆雕

　　老松一株，枝干纷拿，挺然独秀。五柳先生立于松下，手持菊花一枝，注视着坡上的灵芝草。刻件并无篱菊，更无南山，却自然使人念及"悠然"诗句。不论绘画雕刻，倘能物简意赅，容人联想遐思，较纤屑俱备者，转觉隽永有味。款在底部，阴刻篆书"用吉"二字。

上海博物馆藏
高14.4厘米

图52 清邓云樵春畦过雨笔筒

正面刻园蔬两棵，菜叶翻卷向背，各尽其态，上有一飞虫。扁草匐地，类蒲公英。背面阴刻题识六行："坐怜幽境满闲庭，长见春畦过雨青。记取苏君风味美，玉堂中夜酒初醒。庚子秋日制于晚香居。云樵。"时在乾隆四十五年，公元1780年。云樵名渭，所刻《兰亭序》笔筒《刻竹小言》已著录。

据诗情画意，知所写乃是春景，菜心尚未生成，自与晚菘不同。故虽用陷地雕法，乃在不深不浅之间。取与陷地深刻之荷蟹笔筒及陷地浅刻之方絜臂搁相较，当谓吾言之不谬。

叶恭绰先生旧藏
高14.8厘米　径10.3厘米

图53 清螳螂秋菘笔筒

刻法与邓渭笔筒相同而下陷较深。一叶翻折，露出螳螂，虽蜷踞菜中，仍有昂首舞臂之势。雕镂非不精，但器上三松款定为妄人后加。陷地深刻约至清中期始流行，不论个人风格或时代风格，均去三松甚远。

北京故宫博物院藏

图54 清无款荷蟹笔筒

莲房瓣蕊，深入竹肌，老叶卷处，留出竹材，镂成雄蟹。全部花纹，均深陷笔筒表面之下。此乃欲凸先凹、阴中取阳之法。若言刀工技艺，制者尚未臻佳妙，第取以示陷地深刻之法，堪用为例。

美国乐兹先生旧藏
现藏美国丹佛美术馆
高17.8厘米 径12.4厘米

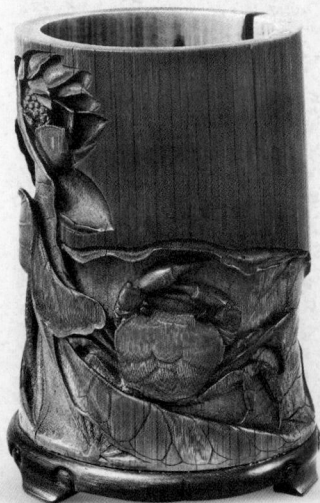

图55 清王梅邻秋声赋笔筒

刻者为《秋声赋》补图，窗内欧阳子摊书夜读，窗外童子立檐下，庭院深邃，树木茂密，枝斜一向，大有风意。背面阴刻赋文七行，款识"嘉庆十六年，岁次辛未，清和既望，节录欧阳公《秋声赋》于闲云自怡之斋。梅邻王恒书并制"，计三行。后"王恒"、"仲文"二印。

按梅邻为嘉定名家王玘从子，字茂林，《竹人录》称其"工刻小楷"。今见此器，山水亦有功力。

叶恭绰先生旧藏
高17.8厘米　径14厘米

图56 清尚勋桐阴煮茗图笔筒

梧桐三株，下荫石榻，席上横琴，老叟斜坐其侧。一童煮茗，忽闻呼唤，回首应诺，而手中蒲扇，尚未停挥。妙在童叟之间，呼、应相联属，刻者可谓善于绘声矣。灵石一笏，既瘦且透，小树苔藓，点缀左右。景物疏朗，而位置妥适。款识阴文篆书"尚勋"两字。

留青竹刻，希黄以后，当推尚勋。若论两家取景，颇有远近之别。希黄摄取远景，大山巨泽，高阁崇楼，气象不凡。尚勋雕琢近景，人物器用，状写入微。各有擅长，未容轩轾。

上海博物馆藏
高10.1厘米　径5.9厘米

图57 清尚勋载鹿浮槎图笔筒（上） | **图58 清尚勋竹林七贤、八骏图笔筒（下）**

高10.4厘米、径5.8厘米

枯槎泛水，上载髯叟，薜萝为衣，芒草作履，肩荷药锄竹篮，中贮蟠桃芝草，仙菊瑶葩。旁立稚鹿，昂首仰望，所图为道家神仙故事。背面阴刻篆书"载鹿浮槎"，楷书"丁卯尚勋制"共九字。

尚氏留青笔筒今已见三器，惜款字过简，无从知其字号、里贯及确切年代。据竹雕风格，当为清中期人。此丁卯可能为乾隆十二年（1747），或嘉庆十二年(1807)。待再考。

笔筒扁圆形，两面分刻竹林七贤图及八骏图。无款识，只篆书"尚勋"小长方印。

七贤题壁者一人，对弈者二人，观棋倦而欠伸者一人，扶肩同行者二人，祖腹举杯者一人。五六童子分司捧砚、汲泉、烹茶、斟酒诸事。八骏形态各异，但构图运刀不及七贤图。

尚勋精于留青，惜其年代、行实均不详。此器用浮雕法，依时代风格推断，当为嘉、道时人。笔筒分刻两景，大家如吴之璠、周颢均不屑为。艺术品与工艺品之畛域，往往以此为分野，尚氏似未思虑及此。或因鬻艺糊口，为悦俗子不得已而为之，亦未可知。

北京故宫博物院藏
高14.1厘米　口径8.9×9.5厘米　足径8.4×6.5厘米

图59 清无款竹雕东方朔像

故宫所藏竹雕东方朔像，不下四五件，今选其一。褚德彝《竹刻脞录》记周颢所制一件"高一寸六分，眉目高古，长髯披拂，宽袍广袖，左手握桃，右手按膝。滑稽神态，现于眉目"。此像则容貌凝重，似讷于言者。按史籍称曼倩每观察颜色，直言切谏。故刻者尽可依一己之体会，刻写其仪容。倘一味诙谐，难免落套而近俗。

北京故宫博物院藏
高8.3厘米　底径5.7 × 6.3厘米

图60 清无款二竖牧牛竹根圆雕

广东民间工艺馆藏
高10.5厘米

牧牛两竖子，一登牛背捉鼻绳，一双手握牛角，并举足抵牛颊。每当竖子嬉戏失职，水牛乘隙潜入菜园禾田，得见此景。雕件田园情趣浓郁，刻画牧竖天真无邪，犟牛不服驾驭神态，惟妙惟肖。

图61 清张芑堂刻梁山舟铭紫檀笔筒

紫檀笔筒，梁山舟铭并记曰："诗有筒，酒有筒，尖头公，居此中。床以翡翠易毁，架以珊瑚太工，檀心坚栗而圆通，紫气郁郁腾虚空。立而不倚，和而不同。君子鉴之，以束吾躬。嘉庆十八年岁在癸酉八月之朔，山舟梁同书铭并书于频螺庵，时年九十有一。张芑堂镌。"芑堂为张燕昌字，海盐人，善画兰竹花卉，工篆隶，精铁笔，《飞鸣堂印人传》、《国朝书人辑略》均有传。其子张开福，侄张辛皆以刻竹闻名。

高13厘米　径11.7厘米

图62　清张受之刻张叔未铭扇骨拓本

受之名辛，海盐人，张廷济侄。廷济字叔未，藏金石文物甚富，所编《清仪阁古器物文》，有竹刻拓本数幅，其中右军《行穰帖》及集山谷《伏波神祠诗》"新篁"两字臂搁，缩摹、镌刻，皆出受之手。此扇骨铭文，叔未手书，笔法浑厚，刀工足以副之，意足神完，信是高手。丙申为道光十六年（1836），受之廿六岁。1848年受之逝世于北京，享年仅三十有八。

最宽2厘米

图63 清方治庵仕女臂搁拓本

高27.2厘米、宽5厘米

　　道光时竹人声名较著者为方治庵絜。蒋宝龄《墨林今话》称其"凡山水人物小照，皆自为粉本于扇骨、臂搁及笔筒上，阴阳坳突，勾勒皴擦，心手相得，运刀如用笔也"。顾治庵究竟采用何种刀法，蒋氏实言而未详。近年留意治庵所作，已见四五器，如渔翁图、苏武像臂搁（刻于1830年，上海博物馆藏）、老子骑牛图竹黄插屏（嚼雪庐李氏旧藏）及故宫所藏人物臂搁。此件刻一妇人，作于道光六年（1826），物象简单而刀法明显。以此印证他件，无不用同一刻法。盖以竹材表面为地，不着一刀，纯在陷入地表之凹处刻花纹，分阴阳，见坳突。剜剔不深，只在毫厘之间运锋锷，故可称其法为"陷地浅刻"。

　　治庵原籍浙江黄岩，为贴黄器产地。竹黄厚度有限，如施雕饰，只能用浅刻。老子图插屏为治庵曾刻贴黄之证，可知所用之陷地浅刻法与贴黄雕饰有密切关系。直至今日，黄岩竹黄名手如陈芳俊等，刀法仍与治庵一脉相承，更可以今证古矣。

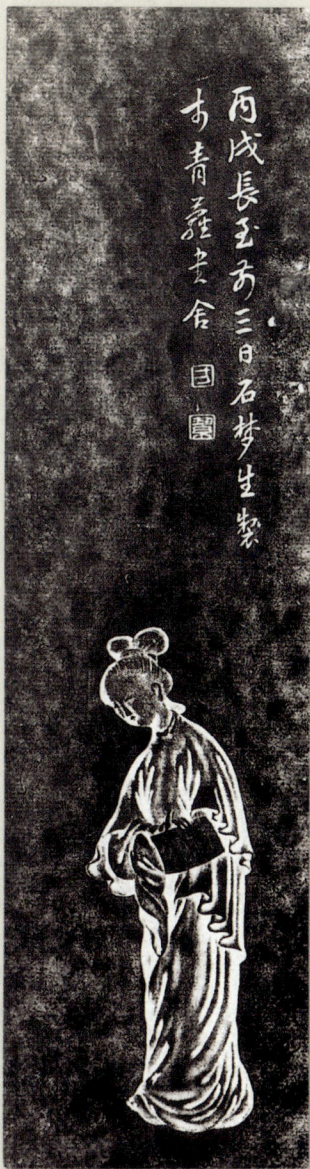

图64 清方治庵渔翁图臂搁

渔翁持竿坐地理钓丝，神情专注，旁置一鱼篓。须髯、蓑衣均极纤细，但绝不相混。竹篓镂刻亦精。其整体仍用陷地浅刻法。上半镌诗句及题识："一场春梦佩金鱼，何是随翁学钓鱼？钓得鱼来还放去，鱼知吾乐我知鱼。果园先生句。壬午孟夏作于松台之留砚山房，奉呈石缘老夫子大人训正。黄岩方絜。"下"方"、"絜"两方印。壬午为道光二年，公元1822年。

按七绝第二句"何是"应作"何似"，语意方惬，当为录写之误。

叶恭绰先生旧藏
高26.7厘米　宽6厘米

图65 清周致和摹刻古泉币扇骨拓本

张葱玉先生旧藏
最宽2.1厘米

晚清周致和以善刻金石文著名。褚松窗《竹人续录》称其："残破龋缺处，均能摹刻逼肖，为向来所无。"此扇骨为葱玉兄韫辉斋中物，曩承相示，谓是真而且精。今取与西厓先生所刻相比，顿见逊色。锈蚀状写，未能尽其态；泉币只刻一面，亦不及两股分刻面文、幂文，更耐观赏。西厓先生，后来居上矣。

图66 清于子安制琴形竹剑匣

高21.4厘米　最宽3.7厘米　厚1厘米

子安名士俊，江苏吴县人，光绪间来京鬻竹刻，所作以行楷为多，字迹娟秀。扇骨、臂搁，不论行款疏密，笔致如一，当为自书自刻，故知书法亦有功力。惜刀痕太浅，难以致远。琴形函匣，制作朴雅，刻七绝一首。诗曰："家住横塘东复东，门前十里晚菜红，藕花风起吹双桨，人在清波一镜中。""子安"款下有"士俊"阳文小印。匣内藏竹剑，镶以象齿，可供裁笺纸，文玩而有实用价值。当代工艺家何妨参酌仿制。

七书之艮枣

图67 金西厓刻金北楼画仰俯竹扇骨

扇骨两股，一为三竿，一只垂梢；一景稍远，一近咫尺；一为仰叶，一为俯枝；一有晴姿，一饶雨意；一为阴刻，一为留青；一无只字，一有题识。种种不同，备见画者之存心变化。惟仰叶之爽利，垂枝之柔韧，能刃而出之，又端赖刻者之运刀矣。画刻两精，乃有璧合珠联之妙。

最宽2.3厘米

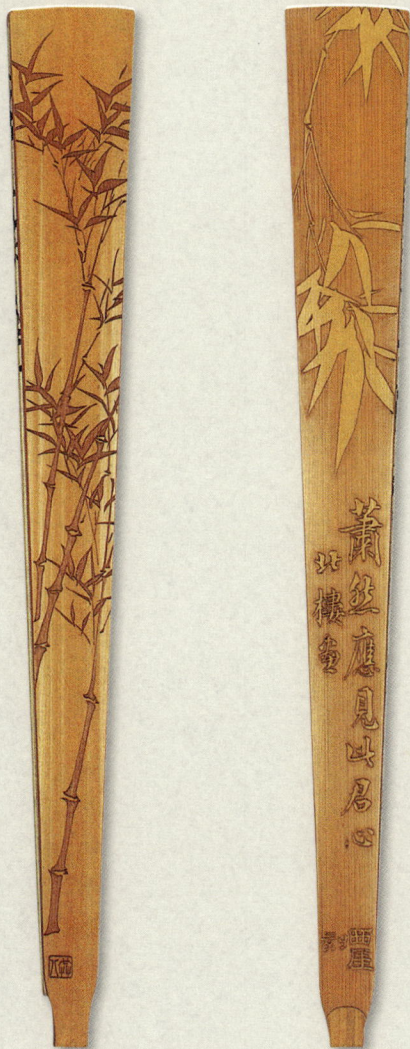

图68 金西厓刻金北楼画枇杷臂搁拓本

此为先生早年之作，据《刻竹目录》（臂搁3号），镌于1921年，年三十有二。

北楼先生写枇杷，枝疏果稀，叶仅三五，悉凭前后交搭，向背翻卷，构成画本。西厓先生易画本为雕刻，再运匠心。叶背一律深刻，叶筋又从凹处隆起，遂与正面叶片，形异质殊。树枝原是阴刻，与叶背相交一段又改为阳文，顺理成章，自然衔接。

逊清名士成多禄，有书名，题七绝一首："一树枇杷一树金，弟兄闲话小庭阴。偶将晚翠萧萧意，写出荆花爱惜心。"诗亦清新可诵。

高28.5厘米　宽9厘米

图69 金西厓刻金北楼画荷花臂搁

上海博物馆藏

两叶夹一花。上叶尚半卷，示人以背，筋脉隆起，下叶已展舒，面心毕露，筋脉凹下。两叶均兼用阳文及阴刻。出人意想者为居中花朵乃用陷地深刻，逐瓣坳窈，直至莲房须蕊。竟使深入肌理者反跃出竹简之上，不禁使人叫绝！款识在下一叶右侧，阴文"北楼画西厓刻"六字。据《刻竹目录》，臂搁作于辛酉、壬戌间（1921—1922年），先生年三十有三。

先生论竹刻技法演变尝谓高浮雕、透雕、圆雕、陷地深刻诸法，近代已无人问津。不意其本人深刻竟精能如此。前辈谦逊，使人敬仰！

图70 金西厓刻吴待秋画锲不舍斋臂搁拓本

西厓先生刻竹年复一年，终日不倦，故自颜其室曰"锲不舍斋"。吴待秋画师为作此图于竹简，题曰"西厓道兄属襄娟吴澂画而自刻之，时癸未三月"。盖先生刻以自娱者，是年五十四岁。

南宗山水自周芷岩以来皆阴刻，而此简竟用留青，倍见功力。空闲处并非平地，丝缕密布，乃所谓"蓑衣地"。先生《刻竹目录》注明臂搁"钩一遍用九日，后又刻廿四日"，计一月有余始竣工，可谓用力良苦。左下角有"季言锲简"阴文印，背面有甲申二月赵叔孺观款。

高29.5厘米　宽7厘米

图71 支慈庵荷塘图、蚕桑图臂搁

中央工艺美术学院藏
高27.8厘米　宽6厘米

慈庵之作曾数见，以此为第一。所刻石鼓，集十器于一扇，精工而已，不及此简刻法有新意。

臂搁正面为荷塘图，以陷地浅刻为主。但雕花朵时，剜剔加深，使与荷叶有等差，并有若干处，以深刻之花，衬浅刻之叶。即以大面积之荷叶而言，虽为浅刻，仍有柔缓之起伏，陡崒之高下。益以正、背筋脉形态之不同，使层次更为丰富，画面更多变化。故支氏之刀法已远远超出方洁庵之陷地浅刻。至于尺许之地，使人有红衣浥露、绿盖如云之感，则又画师江寒汀之功也。

臂搁背面为蚕桑图，虫、叶之间又有若干层次，蠕蠕蠢蠢之态，全从写生得来，在竹黄刻件中，亦未见有运刀如此巧妙者。其上刻褚松窗题字七行。文曰："慈庵刻竹，今之希黄、松邻也。此秘阁刻蚕叶图，适强邻来侵，郡县皆遭残毁，未遂鲸吞，先为蚕食，此画为预兆矣。怀荆堂主人属，松窗记。丁丑年九月。"据此，知1937年时臂搁已刻成，爱国之忧，溢于言表，弥足珍贵！

图72 盛丙云刻江寒汀画鸳鸯芙蓉臂搁拓本

丙云号秉筠，苏州人，久客上海，与支慈庵同时。

鸳鸯栖石上，雌者缩颈，雄者为理羽毛，备亲昵之情致。石上芙蓉盛发，寒苇萧疏，是江南初冬景象。全部用阴刻，只芙蓉叶筋是阳文，以简衬繁，使花生色。

画本出花鸟名家江寒汀手，所作尤宜刻竹。扇骨、臂搁一经点染，每多生趣。

高24.5厘米　宽7厘米

七十二家印跋

图73 徐素白刻江寒汀画月季草虫笔筒

高11厘米

画本亦出江寒汀先生手。花如浥露，叶若迎风，尤以蜻蜓纤翼，予人闪闪生光之感。画师有功，但非刃巧指灵，不能出之。金坚斋称邓孚嘉所刻花卉，"重花叠叶，薄似轻云，而映带回环，秀媚精雅，躁心人固未许问津也"，实可移赠。

图74 白士风海棠画眉臂搁

海棠一树，备娟好轻盈之致。画眉亦羽丰神王，伸吭嘤鸣。画手固不凡，而白老能以留青法现之竹上，信是手健目明时之作，十年前已自叹不复能此矣。海棠花柄纤长，运刀不容有一丝走失。不若梅、李、桃、杏，贴梗着花，简易甚多。

图75 白士风山水横件

湖岸空旷，杂树生屋舍磐石间，只一松挺秀。望中数峰隐约，平拖天际。万顷澄波惟钓舟一叶，画笔近北宗，刻法为留青。最关紧要处在舟影波光均借刮剩之薄薄青筠现其浮动荡漾。刮时只能横向运刀，极薄中还须分轻重浓淡，长短参差，过渡中又不得留丝毫痕迹。得其法则山水皆活，失其法则全景索然。白老优为之，刻件已为佐证矣。

图76 徐秉方刻启元白画山水臂搁

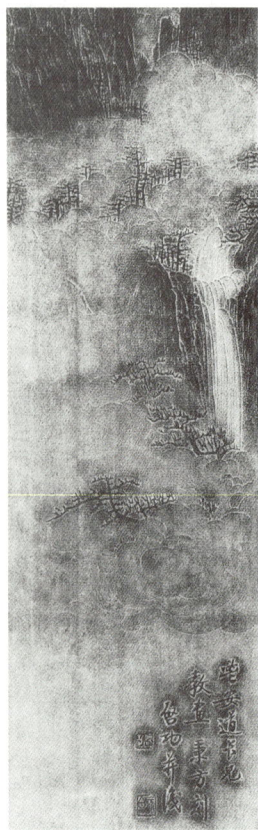

王世襄藏

元白兄诗画册云瀑一页自题曰:"变幻无如岭上云,从来执笔画难真。如今不复抛心力,且画源头洗眼人。"命和诗,愧不能工:"一掬清泉涤眼新,白衣苍狗看氤氲。倦来且向山中住,更作源头洗耳人。"一夕持竹简求元白兄画,问:"愿有何景?"对曰:"如画册意境如何?"遂欣然命笔,移时而成。竹简寄秉方先生,匝月刻就。此臂搁之由来也。

秉方先生幼承家学,专攻留青。四十以后艺大进,不独于见刀处现神采,更求在模糊朦胧不见刀处生变化。不然,对此弥漫瀜郁,满幅烟云,将不知如何措手矣。臂搁又蒙大卣先生墨拓,纤悉不爽,多摄影所不能传,一纸而三绝具,自当什袭藏之。

图77 徐秉方草虫葡萄横件

葡萄累累，珠圆有光，枝蔓劲挺有力。蝉及螳螂，神态亦佳。惟题字："世间善恶何时了"，似可商榷。刘向《说苑·正谏》："园中有树，其上有蝉，蝉高居悲鸣饮露，不知螳螂在其后也。螳螂委身曲跗欲取蝉，而不知黄雀在其旁也！"寓言广为人知，故愚以为此景不如题"黄雀在旁"四字。图中无黄雀，反更觉贴切隽永。未知秉方先生以为然否？

长33.5厘米　宽7.5厘米

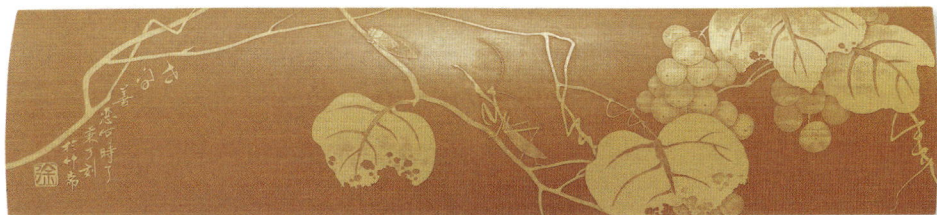

图78 徐秉方荷花横件

前人截竹材多制成臂搁，书画均为直幅。近年竹人或易直为横，承以木架，可作案头清供，而平置仍不妨用以搁腕。其可取尤在书画皆为横幅，为布局构图广开蹊径，使竹刻面貌时见新意。

此简刻荷叶两柄，其高度与观赏者视线平齐，一片横出，所见不多，却自然感觉到其纵向之深度。此画稿者因横简而生巧思，决非直幅臂搁所能有，故弥觉清新可喜。对叶面、叶背之不同处理，秉方先生尤为擅长，克绍箕裘而有出蓝之誉。

长33.5厘米　宽7厘米

图79 范遥青竹林雉鸡臂搁

画本原为花鸟名家田世光巨幅中堂，遥青居然能缩刻于高不盈尺竹简上。画景自近而远有草坡、竹根、竹鞭、竹笋、近枝、远枝、远竿等十余层次，高处尚有小小鸣蝉。刻留青不同于作画，可假诸般颜色随类赋彩，而只能在薄不及纸的青筠层上求生活，生变化，达到应物象形的目的。因此缩刻画本，必须深思熟虑，苦心经营，甚至在他处先浅刻，成功后始敢奏刀，故决不是简单的临摹，而是艰苦的再创造。学刻者须亲身体验，始知个中甘苦。

| 图80 范遥青仕女臂搁拓本 | 图81 刘万琪竹根圆雕冬冬像 |

罗桂祥先生藏

所刻为红楼人物鸳鸯，亭亭玉立，眉目有情，呼之欲出。着刀处无不予人一种轻倩飘逸感。倘绘画有所谓"笔触"，此则只能称之为异乎寻常之刀触。衣襟花纹须迎光照映始能分辨。衣裙缟素，隐隐约约，却将轻罗之贴身与脱空、单层与重叠表现分明。散文家董桥先生喜收藏竹刻，对遥青之留青仕女情有独钟，信非偶然。

雕刻家刘万琪，四川人，久居贵州，偶取当地竹材为女童作像，名曰"冬冬"。

古人作圆雕，对利用竹根天然形态，有丰富经验。如假虫蚀伤疤，镂山石洞穴；根须圆斑，状蛙背花纹；竹丝痕迹，作牛马鬃毛等等，皆妙若天成。但尚未见簇如蝟棘之须茎亦巧为我用，冬冬帽上一圈圈之绒线，帽顶之绒穗是也。绒帽茸茸，围出莹润如玉之脸庞，双眸盈盈似水，口唇喃喃欲语，天真纯洁，可爱之至。此作可贵在突破古人，自具风格，予人全新的感觉。正因万琪先生为雕刻家，长期从事现代艺术创作，故不为传统竹刻所束缚。

图82　周汉生竹根圆雕斗豹

高9厘米

　　此从汉代铜豹镇获得启示，不写其匍伏蜷卧之静止，而攫捉嬉斗翻滚之一刹那，将一对张牙噬咬、挥爪抓挠的可爱幼兽刻画得淋漓尽致。谓其简，简到豹身皮毛不着一刀，只假竹根丝纹须迹见其斑斓；谓其繁，繁到皮下肌肉隐现，仿佛见其移动起伏。自晚明朱、濮以来，已四百年无此圆雕矣！

　　汉生先生现任武汉江汉大学艺术系主任，授课之余，刻竹自娱，颜其室曰"伴此君斋"。自言得一竹材，每与为伴，相对兼旬或数月，直可对语。待其自行道出可雕制某题材，方施刀凿。故雕刻虽由我，选题实应归功于此君。室名之取义在此。以上数语，已将先生之创作过程阐发无遗。宜其所作，不同凡响也。

图83 周汉生竹根圆雕鲁智深像

偌大一个花和尚，一足直立，一足踏石。身着禅衣，袒胸露腹，头束铁箍，颈挂数珠。左手持双环大铲，右手两指怒指石下，睁目虎视，两眉紧蹙，似正在咒骂祸国殃民的贪官污吏，成功地塑造出倔强率直、疾恶如仇的性格。满腮胡须蟠卷，假竹根圆斑雕成，有些夸张，却增添几分威武。背后青松拥簇，使人感到英雄高踞山头，形象更为高大。

高29厘米

图84 周汉生竹根圆雕藏女像

高30厘米

藏女披大袍，领及两袖缀
羊皮，毿毿有厚重感。当胸珠串，
腰间饰物，刻画逼真。她欠身
微仄，一手拢长发，垂将及地，
一手梳栉，生活气息淳朴浓郁。
竹刻以藏族妇女为题材，尚未
见第二例。

图85 周汉生竹筒圆雕襁褓

七竹艾艮录

高20厘米

　　布袱裹婴孩，两眼闭合，睡得香甜，口唇却嚅嚅欲动，不知谁家宁馨儿，如此惹人爱？圆雕人物，古人只用竹根。汉生此作与刘万琪之牧童水牛，取材竹筒，可谓前所未有。竹筒横膈，正是婴儿头顶，细嫩光润，不禁使人生抚摸之念。运用之巧，出人意想。

图86 周汉生莲塘牧牛图笔筒

径14厘米

笔筒用高浮雕法。高浮雕须铲去部分竹材，在保留未铲之竹上刻物象。口上周匝雕塘莲，一花一叶，皆出自精心设计及耐心揩磨。莲盖之斜直欹仄，向背翻卷，凹凸起伏，重叠遮露，使人感到习习风来，静中有动。塘中牛背上，牧童一笛横吹。刻者似为让他观赏莲花，故以背向人，反而增添了自在逍遥的野趣。塘水开阔处，两牛浮水，一伸颈向前，一转头回顾，各得其态。

置此器于三松、鲁珍诸名作之间，全无愧色。三百年后，高浮雕之重现神采，为之兴奋不已。

散
记

记小孤山馆藏竹刻五件

小孤山馆主人耽爱案头文物，清供中多笔筒、臂搁，晨夕把玩，闲雅可羡。予尤喜其中五器，均精妙难得一见者。承惠赠照片，随手记之，补入《此君经眼录》。

1　清吴之璠寒山拾得笔筒

一面雕岩窟，窟口立两僧。膝际以上，周遭皆凿透。空灵窈冥，人物遂更突出。寒山持蒲扇，拾得右手握竹帚，左手搭寒山肩头，极憨笑出世之态。一面刻七绝一首："无着无亲与弟兄，拍肩狂笑了无生。相看忽忆枫桥寺，霜月满船钟一声。"按苏州城西枫桥镇妙利晋明塔院，始建于南朝梁天监年间，又名枫桥寺。自张继《枫桥夜泊》诗出，寒山寺遂名满天下。枫桥寺实即寒山寺也。

七绝为行书阳文，运笔圆婉流动，甚见功力。之璠有换鹅诗臂搁，亦为阳文，刀法与此相似。西厓先生《刻竹小言》选入《述例》，附有拓片。《小言》曾指出之璠刻竹之特点："为萃集精力，刻划只占全器某一局部之一事一物，此外则刮及竹理，任其光素。

或有雕刻，不过略加勾勒而已。如此则宾主分，虚实明，朴质可见竹丝之素地，与肌肤润泽、有精镂细琢之文图，形成对比，相映生色。"此笔筒虽一面刻阳文绝句，仍可用以印证西厓先生之论也。

图1.1　清吴之璠寒山拾得笔筒，高15.7厘米，径11.2厘米

图1.2—1.3　清吴之璠寒山拾得笔筒

2　清顾珏放鹤图臂搁

刻髯翁右臂倚石仰望，右手有履在握。身后峭壁直立，老松悬生，枝干夭矫，如虬龙下探，苍古而滋茂。松外远空，一鹤飘然欲下。臂搁右侧邻边，阴刻"宗玉"二字。刀法初视颇似吴之璠而较精到。款作宗玉，但与其传世之作"刻露精深，细入毫发"（金元钰语）不相侔。意古人刻竹，本可简可繁。宗玉既嬗纤细，自不难偶从疏简。不问为顾为吴，其为清初名家之作，自无可疑。

竹刻画本，凡老人握履，上有飞鸟者，名为"王乔凫舄图"或"王乔凫履图"。故事本《风俗通》：汉孝明帝时，县令王乔有神术，常朝帝而无车骑。太史谓乔至时，常有双凫飞来。帝命举罗张之，乃凫一双耳。视之即所赐履也。上海博物馆藏吴之璠笔筒，景物如上，收入图册，题名"松荫迎鸿图"，殆编者不知乃王乔故事。

此件所刻，亦为"王乔凫履图"。惟飞鸟远在高空，体形竟如此修长，远大于凫鸭。且喙长而锐，更非凫鸭所能

图2　清顾珏放鹤图臂搁，25.5×7.4厘米

167

有。谓之曰鹤，孰曰不宜？故予易其名曰"放鹤图"。问者或曰，飞鸟固似鹤，但髯翁握履，将作何解？答曰：髯翁放鹤山林，佇其归来，此际何妨濯足清溪。濯毕自须持履移时，少干始能穿着也。

臂搁易名"放鹤图"自知强作解人。只为藏者设想，案头朝夕与共者，宁是林和靖而非王乔。古神仙虚无缥缈，邈而不可慕也。

3　清马国珍翠竹络纬刻件

竹竿两截，左长右短，均劈存其半。左截生一枝带叶，贴右截上。络纬伏叶端，翅足历历可见。右截背面刻："虫声新透绿窗纱，珂亭"九字。刻件不能搁臂而可供把玩，构思清新可喜。

西厓先生曾见无款翠竹络纬笔筒，刀法与此相似，见《刻竹小言·述例》，说明如下：

此以高浮雕作花卉草虫之例，据其刀法，当是清代早期之制。笔筒镌成巨竹一段，枝叶自节间生发。枝则由粗而细，逐节歧分，直至梢尖雀爪。叶则或向或背，或疏或密，组合分明。枝叶之间，生长连属，谨严有法；俨然李息斋双钩竹画本。而前后之重叠隐现，层次浅深，又非写生无从着刀。叶间雕一络纬，趯趯欲活。仿佛夜露方滋，月光如水，传来络丝声也。

今据此刻件，可知笔筒亦出马国珍手。国珍字鸣玉，号珂亭。清中期人，与金元钰谂识，名载《竹人录》，可为西厓先生《刻竹小言》增一注脚。

4　清尚勋采梅老人留青臂搁

老人戴凤帽，御重袍厚靴，防寒装束咸备。抱梅花一枝，高出肩上约三尺。身侧剑鞘露襟外，斫偌大梅枝似不能无利刃。此外青筠削尽，净洁无一物。老人年近古稀，须髯满腮颊，目光炯炯，而容貌淳厚，此留青聚精会神处。衣褶

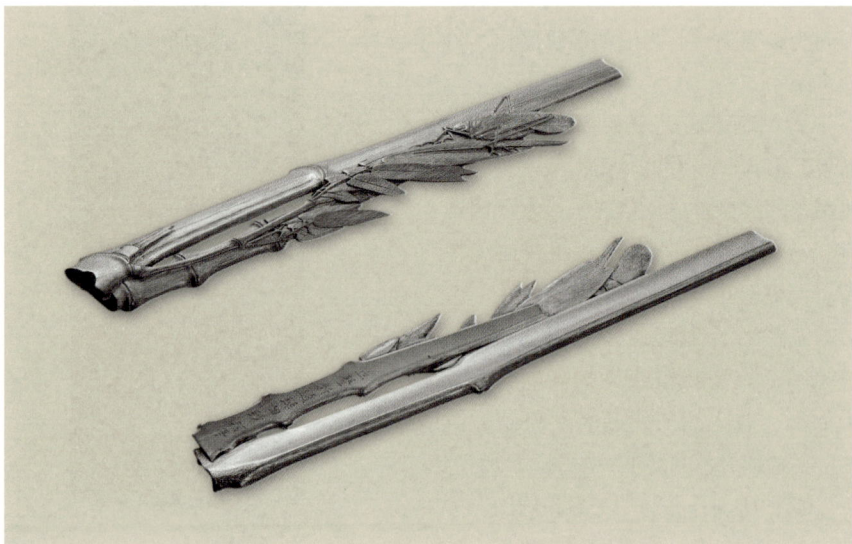

图3　清马国珍翠竹络纬刻件，27.8×5.2厘米

亦流畅有致。款阴刻"尚勋"二字。

尚勋为留青高手，计此已见四器，无一不精。故宫博物院藏笔筒，正背分别刻竹林七贤及八骏图，刀法非留青而用浮雕，工细有余神韵不逮。两面题材不同，尤似俗工所为。篆书"尚勋"二字款是赝款。

5 清桐阴卉石图贴黄臂搁

梧桐一株，下荫立石，前后分植萱草、万寿菊。两坡之间，浅水涓涓，景物刊刻精到，画境幽雅宜人。无款。

臂搁制作工艺，谛观可知其大略。造器者、绘图者、刊刻者可能为三人或两人。倘出一人之手则不愧为匠师兼画家矣。

造贴黄器自制胎骨始，一般竹黄器为木胎，臂搁以竹简为胎。为使黄片粘贴牢固，历久不鼓翘，竹简六面（正背面、两侧边及上下端）均须裁切正直，打磨平整。黄片取自竹简内壁，蒸煮压平，光洁如藏经纸为佳。粘贴六面，等于包镶全器，要求天衣无缝，浑然一体，技术要求颇高，画家未必胜任。

竹黄厚度甚薄，只能在表面勾划纹理。欲作浅浮雕，必须在臂搁正面再加贴一层黄片，方能刻出略有高低之画面。制作程序当为加贴后绘图并刊刻。景物刻成后剔去景物轮廓以外之竹黄，露出下层黄片，亦即图画之地子。地子上亦可加勾划，如流水水纹即是。

以上程序得自观察与推测，未必正确，只有求教于贴黄匠师始能知其究竟，不知黄岩、邵阳等地尚有专业艺人否？

图4 清尚勋采梅老人留青臂搁，19.5×4.8厘米

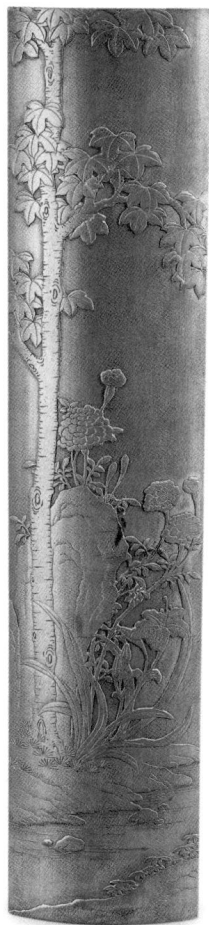

图5 清桐阴卉石图贴黄臂搁，23.5×5厘米

扑朔迷离的清溪松溪款竹刻

近年不断看见刻山水的笔筒和臂搁，它们款识不一，但风格刀工，画意字迹，尤其是某些景物的刻法非常相似。刻者倘非一手，师承当出同门。因有疑问不解，渐渐引起我的注意。

上述山水竹刻，传世不少。除往日获见，因未传拓，亦未拍照，故无法用作实例者外，现在尚可举出实物八件。

傅大卤先生手拓

图2 清溪山人款栖霞仙馆图笔筒

近岸芦荻丛生。水中一舟，竹篷前高后低，下坐东坡、佛印及客三人。舟首童子挥葵扇煮茶，篷后舟子摇橹。两侧山石高柳，柳条垂直向下，颇具特色。远景山石嵯峨，古松、杂树探悬而生。山石刻法，中部多不着一刀，而在近外廓处剔凿皱纹，此乃又一特色。款字在大石上，阴文行楷："赤壁泛舟，丁卯秋八月，清溪制"十二字。画景虽无大江峭壁气势，而境地清幽使人生置身其间之想。八件之中以此件为最精。

长松并立，下阴水阁。面左数楹，牖窗开敞，四人外眺，观赏山瀑流泉。居中一室，老人袖手而坐。右室门内童子似在操作。山径自此斜迁而上，两叟甫下蹇卫，曳杖向水阁行来，童子抱琴相随。远景山间云气回绕，中露竹林。其刻法密叶丛簇，上虚下实，近似画家写雪竹法，是其又一特色。题字在左方大石上，行楷"栖霞仙馆，乙丑夏四月望日制于奇怀室，清溪山人"二十字。此件构图镂刻亦精，人物蹇驴皆生动有致。

图3 清溪山人款兰亭雅集图笔筒

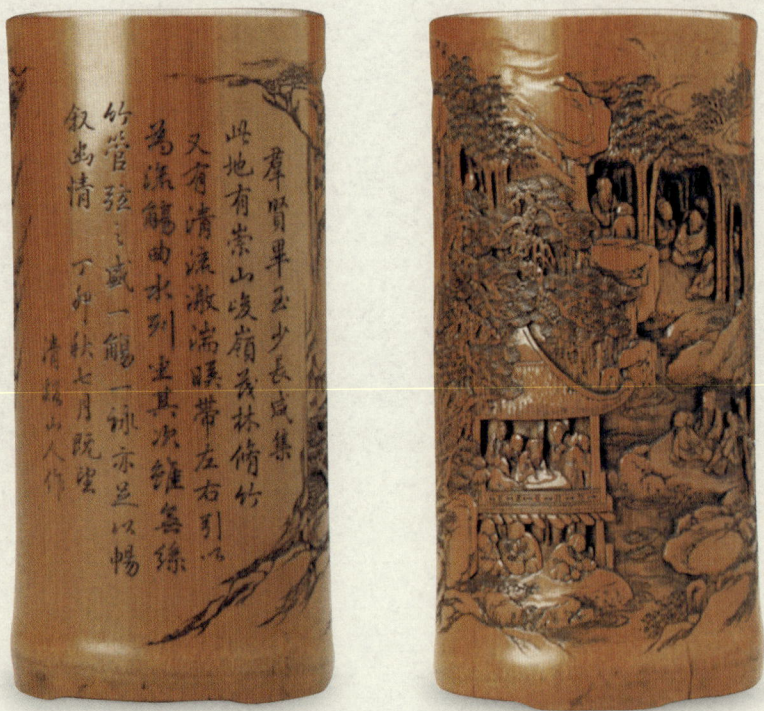

器为香港叶义先生旧藏。一面刻竹林山泉，傍水亭子，亭中及临流而坐者不下二十人。一面刻《兰亭序》文，自"群贤毕至"至"亦足以畅叙幽情"，共六行。款署"丁卯秋七月既望清溪山人作"。景物中虽无垂柳，但山石、松、竹刻法皆与本文所举各件十分相似。可能受景繁而器小的限制，不能像前此两件那样引人入胜。

图4 松溪款修琴夜归图臂搁

黄振海先生手拓

　　茅屋内一叟倚案而坐，荆篱围成院落，杨柳垂出篱外，屋后皆竹林。右侧山坡杂树丛生，上接崖石远峰。院门前老叟携杖行桥上，童子抱琴相随。题诗两句："修琴偶出归来晚，一路溪桥有月光。"款"松溪制"三字。凡垂柳、竹林、山石及题字，无不具备与前数件相同之特色。

图5 少谷款赤壁图臂搁

黄振海先生手拓

臂搁中各种景物不仅垂柳、长松、山石、芦荻等与前数件刻法一致，舟及舟中人物尤为相似，显然是同一画稿。题字"赤壁图"隶书；"仿唐子畏笔意，少谷"行楷书。

以上两件拓本因墨色较重，显得缺少层次。实际上刻工与放鹤图等并无多少差距。

| 图6 松溪款放鹤图臂搁 | 图7 伪老桐款秋声赋图笔筒 |

船载老叟及童子。船尾舟子摇橹，船头立一鹤。天半尚有一羽斜飞欲下。近景坡石、松树、杨柳，柳条皆下垂。远景山外数峰耸立。题字在臂搁上端："云渺渺，水依依，人家春树暗，僧舍夕阳微。扁舟一棹来何处，定有诗人放鹤归。松溪。"行楷阴刻。

许麟庐先生藏、傅万里先生手拓

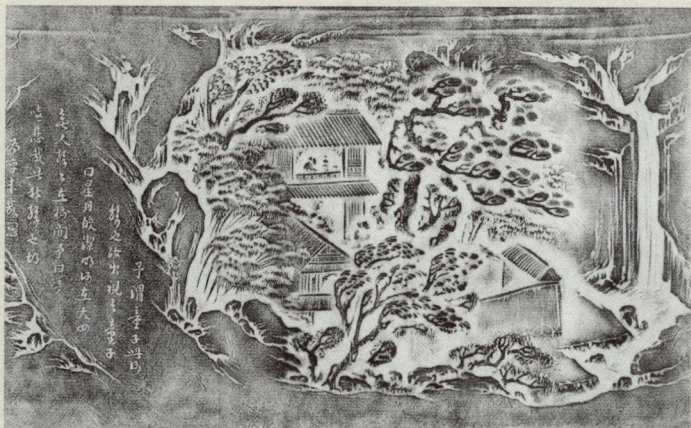

傅大卣先生手拓

楼上欧阳子挑灯夜读，院内外树木、竹林、枝干皆向一方斜偃，甚见风势。刻法与前数件显然相同的有屋瓦、丛竹、山石等。左侧大石上刻《秋声赋》，自"予谓童子，此何声也"至"胡为乎来哉"共六行。字体为行草，与前数件迥别。末尾阳文一小印，审为"老桐"两字。按"老桐"为郑板桥之友，名竹刻家潘西凤别号。他文学修养深湛，艺术造诣高超，允称大家，据所见作品，老桐擅长多种刻法，但风格与此笔筒大异，字迹更不相同。故笔者认为题字及印章乃后人为伪托名家而妄刻。我们只要取秋声赋笔筒和前六件对比一下，便能看出它们之间有密切关系而与潘老桐无涉。

图8 伪唐英款赤壁夜游图笔筒

香港艺术馆藏

舟船人物,松石垂柳与前举两器同。题识"何限清风与明月,扁舟终古属苏仙。甲午春三月,唐英"。唐英不以刻竹名,显系后人加伪款在清溪、松溪或少谷的作品之上。

以上列举的几件山水竹刻，署名不一，清溪、松溪、少谷都是别号而非姓名。《竹人录》、《中国艺术家徵略》等书均不载。纪年只有干支而无朝代，亦无籍贯。因而刻者的真实姓名、具体年代和行实都待考。甚至不同署名究为一人还是两人或三人，亦难遽断。倘确非一人，也不知是父子、兄弟、师徒或其他关系。

清溪的时代，叶义先生据兰亭序图笔筒定为十九世纪。查八件刻法基本相同，凡山石、树木多在竹材表面着刀，屋宇、舟船、人物等则凿去其四周竹材，而将物体刻成浅浮雕。如所周知，清前期以降，高浮雕日趋低而薄。浅浮雕正是清中期的流行刻法。这批山水竹刻符合清中期的时代风格。再言题识，行楷笔不连属，颇为工整，和嘉庆时期的邓渭（云樵）、王恒（梅邻）等所刻近似，也是清中期的面貌。故叶氏的断代，自属可信。

下面拟对这批山水竹刻的艺术水平试作评诠。由于传世作品颇多，刻者当为专业竹人。刻浮雕必须兼能绘事，自己打稿，不仰仗画师。仅此已优于清晚期的某些竹刻家。清溪的作品如"赤壁泛舟"、"栖霞仙馆"两器，超过松溪之作。但还不能据此断言清溪、松溪为两人，因为署名清溪的《兰亭序》笔筒，就不见得优于署名松溪的作品。竹人和画家一样，都会有好差精粗，相去颇远的作品。不过即使是最精彩的两器"赤壁泛舟"、"栖霞仙馆"，我们仍难将其作者推为竹刻大家，而只能承认他是一位有相当成就的竹人。在清中期他应当占有一席之地，没没无闻则欠公允，理当表而彰之。如与清晚期的竹刻家相比，他更是全无愧色。道光以后的近百年中根本没有涌现出真正的竹刻大家。

如上所述，对清溪、松溪、少谷我们所知甚少，为了澄清疑问，只有将希望寄托在更多实物的发现和文献记载的巧遇。博雅君子如已有所知，更盼不吝赐教，开我茅塞。

最后，谨对惠借实物的许麟庐先生，提供彩色照片的香港艺术馆，提供并传拓刻件的傅万里、黄振海先生，拍摄照片的孙克让、林京先生致衷心的感谢。由于诸位大力支持，使我得以草此小文。尤其是傅大卣先生的妙拓，为竹刻增色，更引起我对这位老友的深深怀念。

1996年6月病目后作，时年八十有二

对"三松制"款竹雕老僧的再认识

二十余年前，舅父金西厓先生命为整理旧稿《刻竹小言》，所收古人之作有"三松制"款竹雕老僧，描述如下：

老僧席地而坐，年事已高。额顶眼坳，皱纹累累，齿脱唇瘪，而笑容可掬。胸前肋骨隐起，状写入微。身着禅衣，两肩略耸，袈裟一袭，挽左臂上，更以两手对持，有所操作。足御草履，编痕经纬，历历分明。使人念时当初冬或早春，日已卓午，老衲罢斋，偎倚寺廊一角，或山门阶砌，负暄之余，正补缀其袈裟破损处。故其作业若甚繁迫，而意致又至闲适也。

像以竹根雕成，造形设势，绰裕自如，绝无受竹材约限之憾。袈裟草履，纹理密布，与光素之禅衣，形成对比，甚见匠心。而神情之摄取，欢喜憨朴，全无挂碍，不徒见于形表，且有内心之刻画，故在圆雕人像中，允称佳制。像底有"三松制"阴文款识（图1），字迹疲弱，疑是后人妄刻。鉴家亦有持见不同者，以为款真可信，特传拓附印，以俟识者审定。愚以为作者虽难遽定，但论其艺术造诣，即封、施等家至精之作，亦未必能到也。

襄素以为老僧镌镂精绝，在所见明清圆雕人物中当推第一，故以为乃三松真迹。惟西厓先生鉴定甚严，尝有"真而疑伪事小，伪而作真事大"之论。"三松制"三字以为不及朱小松归去来辞笔筒行书款潇洒自如，故未免可疑。襄不敢拂舅父意，只得置老僧于吴鲁珍诸作后，而附一语曰："鉴者亦有持见不同者，以为款真可信。"所谓鉴者，襄实与焉。

近年来久藏清宫之明代名家竹刻陆

续经研究者撰文介绍，在《故宫文物月刊》发表，款字亦放大印出。老僧款识遂有可供对比之实例。

最理想之对比实例为刻在三松荷叶式水盛底部之款字（图2）。此器流传有绪，真而且精，款识又恰好是"三松制"三字。经对比，可以断定老僧亦为三松真迹。

观察实物，得知两件竹雕款识，均系写后再刻，笔致及笔势尽在，故可以采用鉴定书画款识的方法来判断二者是否为一人所作。

经对比，发现两款有惊人的相同之处，又有合情合理的不相同处。以下试分别言之。

惊人的相同在"松"字。首笔一横，先微下凹，提毫斜上后始向右运行。右半"公"字，第一笔以点代撇，点后向上挑。第二笔点与第三笔钩连成一笔，向左斜下的角度两款全同。末笔一点，顿后成撇，笔势下接"製"（制）字亦相同。又如两款的"製"字，"衣"的一横与撇连成一笔，末笔以长点代捺，也完全一致。从这里可以看到朱三松写"松"、"製"两字的习惯写法。

明显的不同在荷叶式水盛的"三"为三点，而老僧为两点一横。"帋"的首笔一撇和第三笔一横，水盛款落笔较重，而老僧款落笔较轻。"帋"的末笔一钩，水盛意到笔不到，故"衣"的一点自宜点清楚。老僧款此钩不仅笔划重而且占据了"衣"字一点的部位，故此点便被挤到一旁若有若无了。艺术家落款，信手写来，出现上述的不同是很自然的，理应会有的。倘一家两次署名，完全一样，不失黍累，竟如同一印章钤成那样，反倒不符合艺术家落款规律。何况上述的不同，只是笔划形迹的不同，其笔致、笔势却无二致。故不妨称之为合情合理的不同。此种不同却有助于证明两款乃出一手。

西厓先生当年对老僧的艺术水平曾推崇备至，而只是对款字有些怀疑。现在用荷叶式水盛的款识可以证明老僧"三松制"款识不伪，相信他如健在也会同意对这件竹雕的再认识。那就是：老僧不仅是朱三松的真迹，而且是三松圆雕人物的精品。

图1

图2

图版目录

插图目录

王世襄编著书目

家具

《明式家具珍赏》（王世襄编著）　中文繁体字版，三联书店（香港）有限公司/文物出版社（北京）联合出版，1985年9月香港第一版。艺术图书公司（台湾），1987年出版。中文简体字版，文物出版社（北京），2003年9月第二版。

Classic Chinese Furniture（《明式家具珍赏》英文版）　三联书店（香港）有限公司，1986年9月出版。寒山堂（伦敦），1986年出版。China Books and Periodicals（旧金山），1986年出版。White Lotus Co.（曼谷），1986年出版。Art Media Resources（芝加哥），1991年出版。

Mobilier Chinois（《明式家具珍赏》法文版）　Editions du Regard（巴黎），1986年出版。

Klassische Chinesische Möbel（《明式家具珍赏》德文版）　Deutsche Verlags Anstalt（斯图加特），1989年出版。

《明式家具研究》（王世襄著，袁荃猷制图）　三联书店（香港）有限公司，1989年7月第一版（全二卷）。南天书局（台湾），1989年7月出版。生活·读书·新知三联书店（北京），2007年1月第二版（全一卷）。

Connoisseurship of Chinese Furniture（《明式家具研究》英文版）　三联书店（香港）有限公司，1990年出版。Art Media Resources（芝加哥），1990年出版。

Masterpieces from The Museum of Classical Chinese Furniture（美国加州中国古典家具博物馆选集，与柯惕思 [Curtis Evarts] 合编）　Chinese Art Foundation（芝加哥和旧金山），1995年出版。

《明式家具萃珍》（王世襄编著，袁荃猷绘图）中文繁体字版，中华艺文基金会（芝加哥和旧金山），1997年1月出版。中文简体字版，上海人民出版社，2005年11月出版。

工艺

《髹饰录解说》 1958 年自刻油印初稿本。文物出版社，1983 年 3 月增订本，1998 年 11 月修订再版。

《髹饰录》（〔明〕黄成著，〔明〕杨明注，王世襄编） 中国人民大学出版社，2004 年 1 月出版。

《故宫博物院藏雕漆》（选编并撰写元明各件说明） 文物出版社，1983 年 10 月出版。

《中国古代漆器》 文物出版社，1987 年 12 月出版。

Ancient Chinese Lacquerware（《中国古代漆器》英文版） 外文出版社，1987 年 12 月出版。

《中国美术全集·工艺美术编·竹木牙角器卷》 文物出版社，1988 年 12 月出版。

《中国美术全集·工艺美术编·漆器卷》 文物出版社，1989 年 2 月出版。

《清代匠作则例汇编》（漆作、油作）1962 年油印本，尚未正式出版。

《清代匠作则例汇编》（佛作、门神作） 1963 年 6 月自刻油印本。北京古籍出版社，2002 年 2 月出版。

《刻竹小言》（影印本，金西厓著，王世襄整理） 中国人民大学出版社，2003 年 11 月出版。

《竹刻艺术》（书首为金西厓先生《刻竹小言》） 人民美术出版社，1980 年 4 月出版。

《竹刻》 人民美术出版社，1992 年 6 月出版。

Bamboo Carvings of China（中国竹刻展览英文图录，与翁万戈先生合编）华美协进社（纽约），1983 年出版。

《竹刻鉴赏》 先智出版事业股份有限公司（台湾），1997 年 9 月出版。

《清代匠作则例》（王世襄主编，全八卷，已出一、二卷） 大象出版社，2000 年 4 月出版。

《中国鼻烟壶珍赏》 三联书店（香港）有限公司，1992 年 8 月出版。

绘画

《中国画论研究》（影印本，全六册）1939–1943 年写成。广西师范大学出版社，2002 年 7 月出版。

《画学汇编》（王世襄校辑） 1959 年 5 月自刻油印本。

《金章》（王世襄编次先慈画集并手录遗著《濠梁知乐集》） 翰墨轩（香港），1999 年 11 月出版，收入《中国近代名家书画全集》，为第 31 集。

《高松竹谱》、《遁山竹谱》（手摹明刊本。同书异名，高松号遁山） 人民美术出版社，1958 年 5 月出版。香港大业公司，1988 年 5 月精印足本。

音乐

《中国古代音乐史参考图片》人民音乐出版社，1954–1957 年出版 1–5 辑。

《中国古代音乐书目》 人民音乐出版社，1961 年 7 月出版。

《广陵散》（书首说明部分） 音乐出版社，1958 年 6 月出版。

游艺

《明代鸽经 清宫鸽谱》（赵传集注释并今译《鸽经》） 河北教育出版社，2000 年 6 月出版。

《北京鸽哨》 生活·读书·新知三联书店，1989 年 9 月出版。辽宁教育出版社，2000 年 4 月中英双语版。

《说葫芦》 壹出版有限公司（香港），1993 年 8 月中英双语版。

《中国葫芦》 上海文化出版社，1998 年 11 月增订版。

《蟋蟀谱集成》（王世襄纂辑） 上海文化出版社，1993 年 8 月出版。

综合

《锦灰堆：王世襄自选集》（全三卷） 生活·读书·新知三联书店，1999 年 8 月出版。

《锦灰堆：王世襄自选集》（繁体字版，全六卷） 未来书城股份有限公司（台湾），2003 年 8 月出版。

《锦灰二堆：王世襄自选集》（全二卷） 生活·读书·新知三联书店，2003 年 8 月出版。

《锦灰三堆：王世襄自选集》 生活·读书·新知三联书店，2005 年 6 月出版。

《锦灰不成堆：王世襄自选集》 生活·读书·新知三联书店，2007 年 7 月出版。

《自珍集：俪松居长物志》 生活·读书·新知三联书店，2003 年 1 月出版，2007 年 3 月袖珍版。

图书在版编目（CIP）数据

王世襄集 / 王世襄著 . -- 北京：生活·读书·
新知三联书店，2013.7 （2024.4 重印）
ISBN 978-7-108-04560-7

Ⅰ. ①王… Ⅱ. ①王… Ⅲ. ①王世襄（1914 ~ 2009）
—文集 Ⅳ. ① C53

中国版本图书馆 CIP 数据核字 (2013) 第 142067 号